APOCALIPSIS

EL FIN DE LOS TIEMPOS
Y LOS NUNCA ANTES ALCANZADOS

CHRIS L. CARTER

MISIONES MUNDIALES DE LAS ASAMBLEAS DE DIOS
Springfield, Missouri

Misiones Mundiales de las Asambleas de Dios
1445 N. Boonville Avenue
Springfield, MO 65802-1894

Traducción al español: Abigail Bogarín

Impreso en los Estados Unidos de Norteamérica
24 23 22 21 20 1 2 3 4 5
ISBN 978-1-7356545-8-4

ÍNDICE

PREFACIO

A VECES ME PREGUNTAN: «¿Qué nos está diciendo el Señor en este tiempo?» Creo que este libro conciso del Dr. Chris Carter responde a esa pregunta.

A través del punto de vista de Apocalipsis 7:9–12, Chris abre todo el libro en palabras sencillas, fáciles de entender, indagando en su aplicación.

Chris entiende el Apocalipsis como yo siempre lo he entendido: que el libro no es un enigma para ser descifrado, sino un mensaje a los creyentes de todas las generaciones para ser fieles a la misión de Cristo frente al sufrimiento y la prueba. De hecho, los cantos de Apocalipsis, especialmente Apocalipsis 7:9-12, nos dan la oportunidad de entonar las canciones del cielo durante nuestra estadía aquí; es música a nosotros que ha descendido desde arriba.

El libro de Apocalipsis, como muestra el Dr. Carter, nos hace esta pregunta fundamental: «¿Nos mantendremos comprometidos con la misión cuando cueste nuestro dinero, nuestro hogar y nuestra vida?» A los creyentes del primer siglo se les pidió que respondieran a esta pregunta, y nosotros también debemos hacerlo.

Permítame salir del tema central con una historia personal. Yo era un joven pastor en California. Se acercaba el Día de la Madre y elegí predicar un sermón sobre no tener miedo de los tiempos, que si Amram y Jocabed hubieran tenido temor de los tiempos, el mundo nunca habría tenido a Moisés. Y, sin Moisés, no habríamos recibido los primeros cinco libros de la Biblia o la liberación de Israel de la esclavitud. Animé a la congregación a no temer los tiempos de turbulencia en los que vivimos.

Una pareja casada me escuchó ese día, Mark y Jane. Jane era parapléjica, confinada permanentemente a una silla de ruedas debido a un horrendo accidente cuando era adolescente. Ellos habían decidido no tener hijos debido a la condición de ella. Yo no lo sabía en ese momento. Después de que salieron de la iglesia y se fueron a casa, hablaron y oraron; ellos decidieron dejar que su fe los guiara y no sus temores. El resultado fueron dos hijos nacidos de ellos, el primer nacimiento, una niña llamada Lindsey, que se convertiría en la esposa del Dr. Christopher Carter y la madre de sus tres hijos. Mark y Jane nunca han sido misioneros, pero mantuvieron el enfoque misionero y se lo transmitieron a su hija y nietos.

Escrito desde una fuente profunda de erudición y experiencia personal, este libro nos recuerda en estos tiempos inciertos y difíciles de qué se trata realmente el libro de Apocalipsis. Este libro, en palabras de Christopher, «nos desafía a cambiar la forma en que vivimos, a alterar nuestro comportamiento y ponerlo en conformidad con el carácter de Cristo. En resumen, leer Apocalipsis debería cambiar la forma en que hacemos absolutamente todo».

Este libro no tarda mucho en leerse, pero su impacto durará mucho tiempo en su vida. Le animo a saturar el mensaje en su corazón y en su vida.

Dr. George O. Wood
Presidente, Concilio Mundial de las Asambleas de Dios

PREFACIO DEL EDITOR

EL AÑO 2020 HA CREADO desafíos sin precedentes. A nivel mundial, cada uno de nosotros lleva su propia historia de pandemia. Algunas historias trágicas de pérdidas, otras de desafíos económicos devastadores. Nuestras historias inducen la pregunta: ¿Cómo vivimos cuando el mundo se desmorona?

Atrapados a mitad de trayecto en viajes internacionales por la pandemia nos encontramos aislados lejos de casa, separados de nuestra hija por diez mil millas, sin hogar, sin transporte, con solo una semana de cambio de ropa y algunos aparatos electrónicos. Nos refugiamos en un salón de la iglesia en un centro de la ciudad y vimos cómo nuestro mundo se desmoronaba a un ritmo cada vez más acelerado. Expuestos al COVID no nos atrevimos a reunirnos con amigos o familiares. En última instancia, nos infectamos con el virus y resistimos la tormenta.

La historia todavía se está escribiendo por la pandemia de COVID-19. La historia dirá si reaccionamos exageradamente a un inconveniente pasajero o fuimos sorprendidos por una catástrofe de varios años a escala global. Escribir y vivir en medio de la historia es imposible saberlo. Los desafíos diarios oscurecen el panorama general.

Apocalipsis y el estudio de Chris Carter de este libro proporcionan respuestas críticas en un momento de incertidumbre confusa. ¿Cómo vivimos en tiempos sin precedentes? Basamos nuestra vida en el futuro que Dios promete en lugar de los temores del presente.

Apocalipsis: El fin de los tiempos y los nunca antes alcanzados nos atrae hacia la sala del trono en el cielo. Revelando el gran esquema cósmico del tiempo y la eternidad, da la perspectiva necesaria para dar sentido a un mundo en caos.

En las Misiones de Asia del Pacífico nuestra misión es plantar la iglesia donde no haya una. Nuestra prioridad son los nunca antes alcanzados. Estos son los pueblos del mundo que no sólo nunca han escuchado el evangelio en su vida o en generaciones pasadas, sino en toda la historia humana. Este libro y otros similares tienen el propósito de llamar la atención de la Iglesia sobre los nunca antes alcanzados.

Mi oración mientras lee este libro, es que Un canto valiente de victoria y El canto humilde de alabanza se conviertan en el tema recurrente de su vida. Cuando nos enfrentamos a la pregunta, *¿nos mantendremos comprometidos con la misión cuando cueste nuestro dinero, nuestro hogar y nuestra vida?* Su respuesta será un ¡sí!, audaz y sin reservas.

Bryan Webb
Director del Área de Oceanía del Pacífico,
Misiones Mundiales de las Asambleas de Dios de los Estados Unidos

PREFACIO DEL AUTOR

SOY UN ERUDITO DEL NUEVO TESTAMENTO, bien instruido en lenguajes para la investigación bíblica y moderna y muy capaz de escribir estudios detallados sobre temas fascinantes relacionados con mi disciplina que nadie, excepto mis compañeros eruditos, entenderían o apreciarían. ¡Este no es ese tipo de libro! Si está interesado en una exégesis cuidadosamente documentada y concisamente argumentada de Apocalipsis, déjeme sugerirle a consultar los excelentes comentarios de David Aune y G. K. Beale, o una de las muchas monografías que están disponibles. Este libro tiene solo unas pocas notas al pie, y aunque mi punto de vista es defendible, no lo he defendido de una manera que complazca a ningún erudito crítico del Nuevo Testamento. Les aseguro que esto es bastante intencional. Escribo para el público más amplio posible, y no quiero perder a nadie en los detalles de ordenar mi justificación para cada giro interpretativo que el lector cuidadoso sin duda podrá detectar. El lector también debe entender que no pretendo ser el primero en haber detectado o enfatizado la misión en Apocalipsis, pero espero que mi presentación sea fresca y única.

Dos notas más: primero, a menudo aludo a la iglesia occidental o a las formas occidentales de cristianismo. Lo hago desde la perspectiva de alguien que ha pasado muchos años viviendo tanto en los Estados

Unidos como en el Reino Unido. A menudo hablo en generalidades y a veces incluso en estereotipos. Uno debe reconocer la necesidad de hacerlo al plantear el panorama general de cualquier tema, pero igualmente debemos reconocer que tales herramientas por su naturaleza descuidan las múltiples excepciones a los patrones observados. En segundo lugar, todas las traducciones de Apocalipsis son mías tomadas de la edición 28 de Nestle-Aland del Nuevo Testamento en griego. No he consultado las versiones bíblicas modernas del Nuevo Testamento.

Apocalipsis no ha generado escasez de diferentes interpretaciones a lo largo de los siglos, y no me hago ilusiones de ser el primero en llegar a uno que convenza a todos. Pero sí oro para que este libro, con su exploración del mensaje misionero de Apocalipsis, despierte el pensamiento misional y, lo que es más importante, la vida misional.

C.L.C. Julio 2020

RECONOCIMIENTO

ESTE LIBRO LLEVA más de diez años en elaboración. Comenzó con mi familia que estaba viajando de un lugar a otro deseando convertirse en misioneros en Japón. En ese momento, acabábamos de completar nuestra primera comisión en Filipinas, donde habíamos servido en el Seminario Teológico de Asia del Pacífico. Durante nuestro tiempo en Filipinas, sentimos claramente la guía de Dios a Japón. Sin embargo, la transferencia de un campo a otro no fue fácil. En la misma semana en que dijimos «sí» a Dios sobre Japón, mi esposa, Lindsey, fue diagnosticada con un problema cardíaco, y nuestra hija, Adelaide, fue diagnosticada con artritis juvenil. Además de esto, nuestro supervisor no nos concedió permiso para cambiar de campo a Japón. Al mismo tiempo, las iglesias en las que estábamos ministrando estaban enfrentando las consecuencias de la Gran Recesión.

Mientras viajábamos por los Estados Unidos para levantar nuestro presupuesto misional y enfrentando a la vez muchas pruebas y desalientos, sentí que el Señor me estaba guiando a predicar sobre el mensaje de las misiones que ocupa un lugar destacado en el libro de Apocalipsis, pero que a menudo no encuentra oyentes. Parecía ser un mensaje que se ajustaba precisamente al estado de ánimo deprimido y apocalíptico de la iglesia estadounidense en ese momento. ¡Y era un mensaje que yo mismo necesitaba escuchar! En el camino, los pastores y feligreses se acercaron a mí después de los servicios con entusiasmo diciendo que nunca antes habían escuchado algo así y también expresando su agradecimiento por el aliento oportuno que les brindaba el mensaje. Luego, varios pastores me preguntaron si consideraría poner estas ideas en forma de libro. En conclusión, me senté y comencé a escribir, y finalmente envié el manuscrito a un editor. A pesar de que el libro fue aceptado para su publicación, no tenía paz de publicarlo, así que retuve el manuscrito.

Nueve años más tarde, mientras adoraba en la iglesia que pastoreamos en Japón, la Asamblea Cristiana Internacional de Tsukuba, Dios me habló. Él dijo: «envía el libro de Apocalipsis a Bryan Webb». En respuesta, escribí uno de esos tipos de correo electrónico: «Disculpe por enviar este extraño mensaje... pero». A Bryan le gustó el libro, pero no sabía qué hacer con él, así que lo puso en un segundo plano. Sin embargo, cuando la pandemia golpeó en la primavera de 2020, él sintió que había llegado el momento de este mensaje. Eventualmente, nuestro Director Regional de Asia del Pacífico, Jeff Hartensveld, se convenció de que Dios había orquestado el momento en que este libro saliera a la luz. Y el equipo de la oficina de AP ha trabajado incansablemente para llevar este proyecto hasta su finalización. Estoy profundamente agradecido a Jeff Hartensveld, Bryan Webb, Leslie Thomas, Nicco Musacchio, Elish Tram y a todas las personas que trabajan entre bastidores en la oficina de AP por su aliento y arduo trabajo que ha hecho posible este libro.

Debido a que este proyecto tiene una historia tan larga, tengo una gran deuda de gratitud con cientos de personas. Muchos amigos leyeron borradores del libro e hicieron comentarios útiles. Mi familia escuchó innumerables repeticiones de la versión del sermón de este material. Y varios amigos pastores me animaron a escribir algo como esto. Todos ustedes saben quiénes son, y aunque no puedo citar sus nombres, les expreso mi más sincero agradecimiento.

APOCALIPSIS

EL FIN DE LOS TIEMPOS
Y LOS NUNCA ANTES ALCANZADOS

INTRODUCCIÓN

DONDEQUIERA que uno vaya en estos días, frases surrealistas como «la nueva normalidad», «sin precedentes», «colapso económico» y «pandemia» sorprenden los sentidos. Se siente como caminar a través de una casa de diversiones llena de espejos que distorsionan la realidad hasta que lo bajo se ve como alto y lo alto parece bajo. Esto ha dejado a muchos cristianos sintiendo que el camino una vez claro que conduce al futuro se ha convertido en una caja negra que contiene partes iguales de miedo y misterio. En este nuevo mundo conmovido por la incertidumbre, muchos cristianos están recurriendo al fin que habla la Biblia para encontrar respuestas.

Muchas personas tienen la idea de que Apocalipsis es muy difícil de entender. En cierto sentido, esto es bastante cierto. Aunque las imágenes y los símbolos de Apocalipsis plantean un problema desalentador para la interpretación, Apocalipsis en su conjunto tiene un mensaje claro y comprensible. Sin embargo, en nuestra tendencia humana a distraernos con cosas llamativas, a menudo nos quedamos tan enfrascados con los detalles misteriosos de Apocalipsis que pasamos por alto el panorama general.

Todo lo que uno tiene que hacer es revisar Facebook para encontrar creyentes bien intencionados que intentan correlacionar los eventos que rodean la pandemia mundial de coronavirus con el capítulo adecuado de Apocalipsis. No tengo idea de cuántas veces me han preguntado si esta crisis es el principio del fin. ¿Es esta la tribulación sobre la cual Apocalipsis advierte? ¿Es la escritura en la pared acerca del Armagedón?

Más allá de la plaga que se extiende por todo el mundo, nuestro mundo parece estar más polarizado políticamente que en cualquier otro momento vivido en la historia. Las naciones del mundo han perdido la voluntad de cooperar y procuran cumplir sus propias agendas de una manera que parece destinada a terminar en conflicto, con una nación contra otra nación. A nivel nacional, las tensiones raciales han aumentado hasta el punto de ruptura, y una guerra cultural se libra causando división entre vecinos. Esta división penetra incluso en nuestros hogares, hasta el punto de que los padres e hijos y las madres e hijas no pueden concordar sobre lo que está bien y lo que está mal. Hoy, en los Estados Unidos de Norteamérica, los casos judiciales históricos y las agendas legislativas nos dan razones para cuestionarnos si nuestras tan apreciadas libertades religiosas están por terminar. ¿Estamos ahora recorriendo el camino que Jesús tenía en mente cuando dijo: «El hermano traicionará al hermano hasta el punto de muerte, y el padre también traicionará a su propio hijo. Y los hijos se levantarán contra sus padres, y ellos serán ejecutados» (Marcos 13:12, paráfrasis del autor)?

En cierto sentido, la Iglesia ha estado planteando esta pregunta regularmente durante más de dos milenios. Al igual que nosotros, en tiempos de incertidumbre y angustia, nuestros antepasados se sintieron obligados a hacer una pregunta muy importante: *¿Qué hora es?* En otras palabras, en el plan de Dios para el universo y su Iglesia, que culmina con el regreso de Cristo, ¿dónde y en qué tiempo estamos? De cualquier manera que elijamos responder a esta pregunta, es cierto que muchos cristianos tienen la impresión de que el regreso de Jesús no puede estar muy lejos. En consecuencia, se presta cada vez más atención a las cuestiones sobre el fin de los tiempos. En particular, más y más personas han estado recurriendo al libro de Apocalipsis y su vívida y misteriosa revelación del fin.

Como misionero de carrera en Japón, nada me emociona más que la perspectiva de que la Iglesia de Jesucristo ponga su atenta mirada en el fin de los tiempos y en el libro de Apocalipsis. Estoy firmemente convencido de que Apocalipsis fue dada a la Iglesia para un tiempo como este. Dios nos lo dio como un gran botón rojo de reinicio para tiempos difíciles. El año 2020 parece ser un momento en el tiempo en el que tenemos que seguir adelante y sacar el velo y presionar el botón. Este libro es una invitación a hacerlo.

El año 2020 parece ser un momento en el tiempo en el que tenemos que seguir adelante y sacar el velo y presionar el botón. Este libro es una invitación a hacerlo.

Antes de presionar juntos el botón, me gustaría hacer un pequeño aviso legal de responsabilidad. Cuando presione el gran botón rojo de reinicio de Apocalipsis, no espere que COVID-19 o cualquier otra bestia monstruosa que esté destruyendo su vida en este momento desaparezca. ¡Así no es como funciona esto! El reinicio de Apocalipsis no se trata de restablecer el mundo. ¡Se trata de reiniciar nuestra vida! Apocalipsis restablece nuestra perspectiva al llamarnos personalmente y colectivamente fuera de las prioridades y los temores y de vuelta al corazón de Dios, de vuelta a la misión.

Hablando de misión, en las siguientes páginas, las palabras *misión*, *misional* y *misiones* aparecen regularmente. En la mayoría de los casos, uso estas palabras en un sentido muy amplio. *Las misiones* denotan la respuesta de la Iglesia al mandato de Cristo de proclamar las buenas nuevas de que la salvación se encuentra en Jesús al mundo entero. Bajo esta proclamación, uno encuentra iglesias y personas que envían misioneros, las instituciones que capacitan a los misioneros, y las iglesias y organizaciones que los misioneros construyen en todo el mundo. En cambio, *Misional*, habla de una forma de vida que abarca las misiones.

Las personas misioneras pueden, en algunos casos, nunca salir de sus países de origen; sin embargo, estas personas y las organizaciones con las que trabajan toman decisiones, usan recursos y, en resumen, hacen todo con el propósito único de predicar a Jesús al mundo. El libro de Apocalipsis puede llamarse misional en la medida en que busca formar comunidades de este tipo de personas. Al igual que las *misiones* y *misionales*, la *misión* encaja en el mismo conjunto de ideas, pero centra específicamente en la meta de todas las actividades y actitudes relacionadas con las misiones, es decir, las personas perdidas que entran en relación con Cristo.

En este libro corto, no estoy tratando de revelar todos los misterios de Apocalipsis. Nadie puede hacerlo. De hecho, solo me dispongo a explicar cuatro versículos: Apocalipsis 7:9-12. Sin embargo, querido lector, a pesar de la modestia de explorar juntos, las recompensas de terminarlo son admirables. Porque entender estos versículos es entender el libro de Apocalipsis, y entender el libro de Apocalipsis es tener su mundo personal entero reinventado, redefinido y renacido por el Dios que creó el universo con una palabra.

Antes de comenzar esta intrépida exploración a lo que a muchos les parecen los recovecos oscuros, aterradores y desconocidos de la Palabra de Dios, debemos tener el estado mental correcto. Debemos entender qué tipo de palabras encontraremos en las páginas de Apocalipsis, y lo más importante, debemos entender qué tipo de personas leyeron y entendieron por primera vez estas palabras. Solo haciendo esto desde el principio estaremos en una posición de recibir el poder transformador de vida de estas palabras escritas por Juan hace tanto tiempo para lograr su propósito previsto.

¿QUÉ TIPO DE PALABRAS?

SI QUEREMOS HABLAR sobre qué tipo de palabras encontramos en el libro de Apocalipsis, debemos comenzar con los cuatro versículos de los que se refiere nuestra aventura particular: Apocalipsis 7: 9-12, [paráfrasis del autor].

> *Después de ver estas cosas, he aquí, había una gran multitud, que nadie era capaz de contar, de cada nación, tribu, pueblo y lengua de pie ante el trono y ante el Cordero, habiendo sido vestido con túnicas blancas que ondulaban y sosteniendo ramas de palma en sus manos. Y que seguía clamando en voz alta, diciendo:*
>
> *¡La salvación es de nuestro Dios, que se sienta en el trono, y del Cordero!*
>
> *Y todos los ángeles que habían estado alrededor del trono y los ancianos y las cuatro criaturas vivientes también cayeron ante el trono sobre sus rostros, y adoraron a Dios, diciendo:*

¡Es verdad!

¡Bendición y gloria y sabiduría y acción de gracias y honor y poder y fuerza sean para nuestro Dios por los siglos de los siglos!

¡Es verdad!

Aquí encontramos palabras aparentemente breves y simples. Sin embargo, a pesar de tal aparente simplicidad, algunos eruditos del Nuevo Testamento han llamado a este pasaje el más difícil de todo el libro de Apocalipsis. Podría decirse que Apocalipsis es el libro más difícil de entender en toda la Biblia. Por lo tanto, estas palabras bien pueden ser las palabras más difíciles en todas las Escrituras.

¡Ahora usted empieza a ver por qué estos cuatro versículos no son para el lector pusilánime de la Biblia! Una de las cosas que hacen que estas palabras sean tan difíciles de entender tiene que ver con el tipo de palabras que encontramos a lo largo de la revelación de Juan. De manera algo única, Apocalipsis combina tres tipos o géneros de escritura en una sola presentación, y esta combinación se encuentra después de los dolores de cabeza que muchos cristianos parecen tener cuando leen el Apocalipsis. Entonces, veamos brevemente estos tres tipos de escritura.

El primer tipo de escritura que uno encuentre en Apocalipsis no será una sorpresa en absoluto. Por supuesto, es profecía. Todo el mundo sabe que Apocalipsis y profecía van de la mano. Sin embargo, no todos tienen una comprensión correcta de lo que simboliza exactamente profecía: la profecía. En esencia, la profecía no necesariamente tiene que ver con predecir eventos futuros; más bien, se ocupa fundamentalmente de la narración de la Palabra de Dios. En otras palabras, la profecía tiene que ver más con la predicación que con la predicción. Ahora, no me malinterprete. Apocalipsis tiene mucho que decir sobre eventos futuros, y generaciones de cristianos han reconocido correctamente este hecho. Sin embargo, muchas veces, el futuro emerge tan grande en las discusiones de Apocalipsis que no podemos escuchar el sermón que se nos habla aquí y ahora, llamándonos no a especular sobre lo que será, sino al arrepentimiento y a responder a la proclamación de la palabra de Dios que transforma la vida.

Más allá de la profecía, otro tipo de escritura nos espera en las páginas de Apocalipsis, la insólita literatura apocalíptica oscura e incomprendida. Sería imprudente intentar una explicación completa del apocalipticismo, la escatología apocalíptica, la literatura apocalíptica, el apocalipsis y similares aquí. Los debates complicados continúan surgiendo respecto a todos estos temas. Para nuestro propósito, necesitamos entender, en primer lugar, que un apocalipsis es diferente a cualquier libro o película moderna dentro de nuestra experiencia. Transmite significados de maneras que el lector moderno o posmoderno no puede entender sin antes familiarizarse con las reglas de la historia. Esto, sin embargo, no es el lugar para otro tomo sobre ese tema. Lo que realmente usted necesita saber es que los apocalipsis son para tiempos muy, muy, muy malos. Los antiguos pueblos del Medio Oriente solo recurrieron a esta extraña forma de escritura cuando toda esperanza política, económica y espiritual parecía perdida. ¿Le suena esto familiar?

Un apocalipsis no comunica su mensaje simplemente a través de palabras, oraciones y párrafos. Más bien, el mensaje viene en forma de imágenes de palabras, a menudo cargadas de significado social y cultural, muy difíciles de entender para nosotros hoy en día. Un pastor que conozco llama a esto «escritura con efectos especiales». Escritura que funciona como efectos especiales en las películas: las imágenes, no las palabras, cuentan la historia. En última instancia, cualquiera que quiera entender Apocalipsis debe comprender sus «imágenes» extrañas que dicen que a pesar de nuestra situación política, económica y espiritual aparentemente desmoralizada, nuestro Dios, Yahvé, permanece en control del curso de la historia. Él llevará a su pueblo a un lugar de victoria absoluta.

Entonces, sabemos que Apocalipsis es profecía y revelación, pero también es una carta. Así es. Apocalipsis se desarrolla como cualquier otra carta en el Nuevo Testamento. Es posible que usted no lo haya notado, pero esta carta en realidad comienza de una manera que cualquiera que haya abierto un buzón de correo reconocerá fácilmente. Por cierto, el versículo 4 contiene exactamente la misma información que aparece en casi todos los sobres que usted ha sacado de su buzón. En una carta de correo postal, encontrará el nombre del remitente en la esquina superior izquierda del sobre, y encontrará el nombre del destinatario cerca del centro. Quiero dedicar solo un minuto para reflexionar sobre el «sobre» en el que Juan metió la carta de Apocalipsis hace tantos años. Eche un vistazo al capítulo 1, versículo 4:

> *Juan, a las siete iglesias que están en Asia...*

Cuando leemos Apocalipsis, en realidad hemos abierto una carta muy antigua dirigida a otra persona.

Cuando leemos Apocalipsis, en realidad hemos abierto una carta muy antigua dirigida a otra persona. En este caso, Juan tenía la intención de que las iglesias de Asia Menor leyeran su carta. A menudo, leemos Apocalipsis sin darnos cuenta de que estamos leyendo por encima del hombro de nuestros hermanos y hermanas distantes de Asia Menor del primer siglo. En términos prácticos, esto significa que no podemos entender realmente el mensaje hasta que podamos leerlo a través de los ojos de ellos, comprendiendo no solo lo que las palabras de la carta habrían significado para ellos, sino también cómo esas palabras los habrían hecho sentir.

¿Cómo podemos conectar la brecha de siglos, idioma, cultura y circunstancias que nos separan de ellos? ¿La respuesta corta? Nunca podremos hacerlo por completo. Sin embargo, debemos ponernos en lugar de los primeros receptores tanto como sea posible, si queremos escuchar las palabras de Apocalipsis como estaban destinadas a ser escuchadas. En el próximo capítulo, trataremos de ponernos en el lugar de los cristianos del Asia Menor del primer siglo y escuchar el Apocalipsis como ellos lo habrían escuchado.

VIAJE A TRAVÉS DEL TIEMPO

A MEDIDA QUE VIAJAMOS en el tiempo y entramos en el mundo de los cristianos que viven en el Asia Menor del primer siglo, nos encontramos en medio de una crisis en la misión digna de un apocalipsis. Juan plantea la naturaleza de esta crisis en las cartas breves que su guía celestial le ordena que escriba a las siete iglesias de Asia Menor (Apocalipsis 2–3). Aunque rara vez lo he escuchado desde un púlpito, en comentarios y monografías recientes, los eruditos del Nuevo Testamento se han vuelto cada vez más conscientes de que toda la carta de Apocalipsis en esencia alude a las misiones.

Esta carta realmente se ocupa de una cosa de principio a fin, la misión de Dios de salvar al mundo del poder del pecado y la muerte y el llamado de la Iglesia a unirse a Él en esta misión a través de la predicación del evangelio y estilo de vida. Lo que vemos en las cartas a las siete iglesias revela las dimensiones precisas de una crisis creciente en la misión. Entonces, al comienzo de Apocalipsis, Juan ubica las misiones directamente en el centro de su mensaje a la Iglesia.

Al examinar brevemente cada carta, uno se da cuenta de que el mensajero de Dios pronuncia la evaluación del Todopoderoso de cada iglesia conforme a su compromiso con las misiones. En última instancia, cada iglesia se mantendrá o caerá dependiendo de su capacidad para permanecer misional en circunstancias difíciles.

La primera carta se dirige a la iglesia en la ciudad de Éfeso. La iglesia en Éfeso recibe alabanza porque conoce el evangelio lo suficientemente bien como para detectar y rechazar a los falsos apóstoles en medio de ellos. Incluso cuando Juan escribió a la iglesia, ella estaba haciendo bien en rechazar la falsa enseñanza de los nicolaítas. Los creyentes de Éfeso reciben más alabanza porque han sufrido por el nombre de Jesús y no se han debilitado en medio del sufrimiento. En otras palabras, conocen el evangelio, y están dispuestos a vivirlo y proclamarlo incluso cuando hacerlo resulta en un sufrimiento doloroso.

Sin embargo, a pesar de su glorioso pasado y presente, la iglesia en Éfeso está en peligro de juicio debido a la disminución de su compromiso frente al sufrimiento continuo por el bien del evangelio. Su compromiso anteriormente radical e inquebrantable con el evangelio es «el primer amor» al que deben regresar o enfrentar el juicio divino. Más allá de esta severa advertencia de juicio, la carta a Éfeso llama la atención sobre las ricas recompensas del compromiso decidido, inquebrantable y radical con la vida misional continua: comer del árbol de la vida, el cual está en medio del paraíso de Dios (Apocalipsis 2:7).

En Esmirna, también nos familiarizamos con una iglesia que sufre. Para ellos, la misión ha producido, por un lado, pobreza material y, por otro, riqueza espiritual. Como una ventaja adicional, la carta asegura que esta iglesia aumentará en su sufrimiento y encarcelamiento, presumiblemente debido a la predicación del evangelio y estilo de vida. En todo esto, Juan los exhorta a permanecer comprometidos con la misión, hasta el punto de la muerte, con la promesa de que Dios les dará la corona de la vida si permanecen fieles (Apocalipsis 2:10).

La iglesia en Pérgamo vive en un vecindario impío, uno «donde Satanás tiene su trono» (Apocalipsis 2:13 NVI). Aquí la iglesia se está «aferrando» al nombre de Jesús frente al martirio (Apocalipsis 2:13). Les va bien en comprometerse con la misión, pero están en peligro debido a la idolatría y la falsa enseñanza. Como veremos más adelante, la idolatría y la falsa enseñanza probablemente se relacionan con una disminución del mensaje del evangelio para que la predicación sea menos peligrosa. La carta advierte que juicio rápido espera a la iglesia que comprometa el evangelio por el bien de su propia comodidad y seguridad.

Los creyentes en Tiatira tienen un compromiso sólido con la misión, incluyendo obras de amor, fidelidad, resistencia y servicio. Sin embargo, ellos también se enfrentan a problemas de idolatría e inmoralidad sexual, que tienen el poder de destruirlos a ellos y a su testimonio. Aunque algunos de ellos han sido atrapados por estas tentaciones mortales, una minoría se ha mantenido fiel. El ángel da a Juan un mensaje de aliento para ellos. Deben mantenerse firmes y perseverar en la misión y así recibir la recompensa reservada al final para los fieles.

Palabras fuertes saludan a la iglesia de Sardis. Tienen la reputación de estar vivos, pero esta apariencia es una cortina de humo. Pronto nos enteramos del verdadero estado de cosas. Aunque poseen un exterior activo, los miembros de la iglesia en Sardis son cadáveres en el interior. La obra de ellos no ha engañado a Dios; ¡Él lo sabe! Como antídoto contra la muerte, la iglesia debe recordar lo que recibieron y escucharon. Lo que recibieron y escucharon fue el evangelio a través del cual Dios los había salvado y los había comisionado para proclamar la verdad a sus vecinos.

Su estado de muertos vivientes se había producido cuando, bajo presión social, cortaron el vínculo entre la obra salvadora del evangelio y el encargo de proclamarlo. Cuando sea y dondequiera que los cristianos traten de aferrarse a la fe mientras desatienden la misión, se convierten en zombis. A primera vista, parecen estar en movimiento y vivos, pero con una inspección más cercana, no tienen vida real dentro de ellos. En tal situación, solo una cosa salvará a la iglesia en Sardis de una existencia sombría como los muertos vivientes. Deben regresar al evangelio.

Deben volver a incluir tanto la fe como la proclamación intrínseca a ella. Por lo tanto, a través de Juan, Yahvé ordena a la iglesia en Sardis que obedezca el evangelio (Apocalipsis 3:3). En otras palabras, para vivir verdaderamente de nuevo, la iglesia zombi en Sardis debe regresar a sus raíces y convertirse en una iglesia misional, una comprometida a predicar y vivir el evangelio hasta el punto de la muerte. Sin embargo, hay algunos en Sardis que no han abandonado esta misión, y recibirán la promesa de que sus nombres permanezcan en el Libro de la Vida. Además, Dios promete que Él mismo finalmente vestirá con vestiduras blancas a aquellos en Sardis que persisten en llevar vidas misionales.

En Filadelfia, la iglesia tiene «poco poder» (Apocalipsis 3:8). La palabra griega utilizada aquí, *dunamis*, se refiere al estado socioeconómico, y el contexto indica además que su falta de poder y estado social provienen directamente de su fidelidad al evangelio y su oposición a negar el nombre de Jesús. En resumen, la iglesia en Filadelfia continúa siendo misional incluso cuando les cuesta su dinero y estado social. Por su resistencia y fidelidad, Dios les promete librarles de la tentación venidera y un futuro glorioso en la Nueva Jerusalén.

Quizás más conocida que cualquiera de las otras iglesias, la congregación en Laodicea tiene una versión tibia del cristianismo. Dios anhela fervientemente que permanezcan calientes o fríos, pero en su estado actual, están en peligro de convertirse en vómitos divinos. («De esta manera, porque eres tibio y ni caliente ni frío, estoy a punto de escupirte de mi boca» Apocalipsis 3:16, paráfrasis del autor.) Muchas veces, los intérpretes tienen la noción errónea de que ser caliente o frío se refiere a ser salvo o no salvo. Sin embargo, tal entendimiento no logra lidiar con el hecho de que en este pasaje, Dios ve ambos estados, calientes y fríos, como deseables. Él no quiere que ninguno perezca y tampoco quiere que las personas que ama se pierdan eternamente por servirle a medias.

El contexto de la carta deja claro que ser caliente o frío tienen que ver con las obras de los laodicenses y lo que esas obras dicen de ellos. No tiene mucho sentido que Dios diga: «Desearía que tus obras fueran realmente buenas o realmente malas, pero tal como son, son más o menos». ¿Qué significa realmente la enigmática metáfora de frío y caliente? La respuesta viene sólo cuando consideramos tanto la geografía como la economía de Laodicea.

Laodicea del siglo I se encontraba en el valle del río Licos, con sus ciudades vecinas de Colosas e Hierápolis en elevaciones más altas. Aunque los habitantes de Laodicea habían construido su ciudad cerca de un río y, por lo tanto era una fuente de agua dulce, el río tenía una tendencia a secarse en las estaciones más calurosas y secas del año. Como resultado, se hizo necesario encontrar una fuente alternativa de agua dulce, y los ingenieros diseñaron y construyeron dos acueductos de las ciudades de las colinas más altas de Colosas e Hierápolis.

Colosas era bien conocida por sus manantiales de agua mineral fresca que algunos creían que tenían valor medicinal. Hierápolis era conocida por sus aguas termales, y los viajeros venían de todas partes para disfrutar de sus propiedades curativas y reposar sus cuerpos cansados del camino en el agua caliente relajante. Sin embargo, a medida que las aguas frías de Colosas corrían hacia Laodicea, se calentaban, perdiendo sus propiedades refrescantes. Del mismo modo, cuando el agua termal de Hierápolis llegaba a Laodicea, ya se había enfriado y no era diferente del agua de Colosas. Ambos se habían vuelto tibios. No solo el agua era tibia, sino que los relatos antiguos afirman que la piedra con la que los constructores habían erigido el conducto causaba que el agua gustara mal. ¡Disgusto! Solo pensar en ello nos hace entender por qué alguien podría querer escupir dicha agua.

La metáfora del agua tibia tenía mucho sentido para la iglesia de Laodicea. Ella vivía con eso todos los días. A medida que leemos este texto en el mundo moderno, la mayoría de las veces, no entenderíamos el punto. Mientras que las aguas de Colosas e Hierápolis fueron fuentes de éxito comercial para sus ciudades, el agua de Laodicea solo trajo pobreza.

Imagine que usted es un mercader cansado que viaja miles de millas en caravana de camellos. Y piensa para sí mismo: «Podría detenerme en Colosas y tomar bastante de su fuente mineral fresca. Tal vez incluso curaría esta desagradable erupción cutánea. Por otro lado, las aguas termales en Hierápolis suenan encantadoras. Cómo me gustaría sumergir mi cuerpo cansado y adolorido en sus aguas calientes». Por cierto, sería un viajero extraño el que dejaría pasar el agua fría o un buen baño caliente por ir a la ciudad caliente, seca y polvorienta de Laodicea con su agua tibia y de sabor terrible. Ni siquiera el letrero más elegante haría que alguien fuera a Laodicea en lugar de Colosas o Hierápolis.

La diferencia entre el agua caliente o fría y el agua tibia radica en la utilidad de la primera como fuentes de relajación y sanidad y la inutilidad en comparación con la segunda. Por cierto, debido a que Laodicea tenía esta agua indeseable, ella no podía atraer a tantos viajeros o tantos negocios como sus vecinos. Sin embargo, la ciudad no era pobre.

En el momento en que Juan escribió el Apocalipsis, la ciudad todavía se estaba recuperando de un terremoto devastador que había golpeado alrededor del año 60 d.C. Si los de Laodicea hubieran sido pobres, no podrían haber reconstruido la ciudad. Lejos de ser pobres, los laodicenses eran ricos, y pensaban que sus riquezas hablaban elocuentemente de su éxito espiritual. Sin embargo, Jesús les da una gran sorpresa cuando les dice su condición verdadera. A pesar de su autoestima presuntuosa, en realidad eran pobres, ciegos y desnudos.

Esta descripción está llena de ironía. Los laodicenses habían ganado su dinero con una medicina para los ojos que curaba la ceguera y de la lana negra con la que se confeccionaba la ropa. La iglesia había explotado estas fuentes de riqueza y se había enriquecido. Sin embargo, la riqueza física había llevado a la pobreza espiritual. Lo más probable es que la iglesia se hubiera comprometido con la adoración de ídolos para participar en la economía de su ciudad. Habían adorado ídolos y al emperador, y bajo presión social, habían dejado de compartir el evangelio. Así, se hicieron ricos, pero a un gran costo. El mensaje de Jesús a los laodicenses nos advierte contra un problema que muchos en la Iglesia todavía tienen hoy. Muchos creen que el éxito financiero corresponde al éxito espiritual.

Muchos evangelistas famosos de la televisión estadounidense propagan esta noción, enseñando que el éxito financiero y el éxito espiritual invariablemente van juntos. Los laodicenses estarían de acuerdo, pero Jesús no. En el caso de los laodicenses, Jesús dice: «¡No piense alguno que tener éxito financiero evidencia su éxito espiritual! ¡Pero no se da cuenta de cuán infeliz y miserable, pobre, ciego y desnudo es!» ¡Jesús habla sin pelos en la lengua! Pero no se preocupe, Jesús les da una salida. En el versículo 18, Jesús provee la solución a sus problemas. *«Te aconsejo que de mí compres oro que ha sido refinado por el fuego para que puedas ser rico. También te aconsejo que compres prendas blancas para que puedas estar vestida y no exponer la vergüenza de tu desnudez. Además, te aconsejo que unjas tus ojos con ungüento para los ojos a fin de que puedas ver»* (Ap. 3:18, paráfrasis del autor).

Ellos habían abandonado su misión. Abandonar su misión los dejó infelices, miserables, pobres, ciegos y desnudos. Note que estar desnudo representa exactamente la condición opuesta de los predicadores fieles del evangelio que recibirán ropas blancas como recompensa por sus labores del evangelio. Al igual que con las otras iglesias en Asia Menor, encontramos en Laodicea una iglesia que lucha con la misión, y Dios anhela fervientemente que regresen al trabajo productivo en esta área. Él desea nada menos que Laodicea sea una iglesia que predique a Cristo, agua fresca sanadora y agua caliente y calmante para las naciones cansadas.

Hemos pasado un tiempo examinando a estas siete iglesias porque hacerlo revela la agonía de los primeros lectores de Apocalipsis mientras ellos luchaban por ser una iglesia misional. Para que no juzguemos muy rápido a nuestros antepasados espirituales como cristianos inmaduros incapaces de aceptar el celo misional de los cristianos modernos, necesitamos apreciar el contexto social, económico e histórico que hizo de las misiones una elección tan difícil para estos primeros creyentes.

En aquellos días, un déspota tiránico llamado Domiciano se sentó en el trono del Imperio Romano, y en términos de pura maldad, le habría dado incluso a Hitler una competición. Suetonio, que nació pocos años después del apóstol Pablo, completa la imagen del carácter detestable de Domiciano, describiéndolo como sexualmente perverso, cruel y codicioso. También menciona el desdén y la impiedad particular con que Domiciano trató con los judíos y cristianos, a quienes veía como un grupo.

Bajo Domiciano, la iglesia experimentó su primera persecución generalizada y bastante sistemática. El punto crítico de gran parte de esta persecución tuvo que ver con el culto al emperador. El culto al emperador había sido parte del gobierno imperial desde Julio César, pero Domiciano se obsesionó con la idea de su divinidad hasta un punto que lo distinguió bastante de otros emperadores. Su obsesión lo llevó a exigir que incluso aquellos generalmente exentos de la adoración del emperador se vieran obligados a adorarlo bajo pena de tortura, confiscación de propiedades, exilio y muerte. No obstante, el culto al emperador principalmente no tenía que ver con la religión.

En la época romana, el culto al emperador representaba el enlace patriótico que mantenía unido al imperio. Había tantos dioses y religiones en el mundo grecorromano del primer siglo que nadie podía mantenerlos en el orden correcto. En medio de este pluralismo religioso y caos, el culto al emperador proporcionó un símbolo unificador y una experiencia casi religiosa, uniendo a una población que de otro modo estaría desconectada. En términos modernos, el culto al emperador tiene más en común con la bandera estadounidense que con las estatuas de Buda. En otras palabras, el objetivo era el patriotismo en lugar de la creencia sincera.

Negarse a adorar al emperador sería, en términos estadounidenses modernos, profanar la bandera estrellada fregándola en tierra seguida de una ceremonia pública de quema de banderas. Muchos estadounidenses se sorprenderían de tal comportamiento antipatriótico; las redes sociales los etiquetarían como malhechores, ingratos, antinorteamericanos, etc. En el mundo romano, las consecuencias del comportamiento antipatriótico era más fuerte que la simple indignación o el desprecio público, y los cristianos de Asia Menor se enfrentaban a estas consecuencias en múltiples frentes. Ellos estaban pagando el precio por su negativa antipatriótica a adorar a Domiciano.

Una de las zonas más interesantes en las que las iglesias de Asia Menor habrían estado sintiendo el pellizco de la persecución fueron sus billeteras. Sabemos por fuentes antiguas que las ciudades de Asia Menor habrían estado dispuestas a demostrar su lealtad al emperador y su patriotismo romano. Construyeron templos a los emperadores y adaptaron escrupulosamente el culto al emperador, todo con la esperanza de ganar el favor de Roma. Tal favor traería nuevos edificios, derechos especiales, ciudadanía, comercio e innumerables otros beneficios. En consecuencia, estaban apremiados por evitar incluso el indicio de rebelión o una actitud antipatriótica.

En estas ciudades, los trabajadores participaban en una versión antigua del sindicato. Habían formado gremios, y era imposible practicar muchos oficios sin ser miembro de un gremio. El lector ávido de la Biblia tal vez recuerde haber leído en el libro de los Hechos sobre el gremio comercial de trabajadores de plata de Éfeso. Mientras ministraba en Éfeso, el apóstol Pablo escapó por poco de las manos de los alborotadores a quienes el gremio había agitado (Hechos 19:23-41). Para participar en el gremio comercial, uno tenía que adorar tanto al emperador como a cualquier deidad patrona que el gremio comercial adoptara. Las reuniones de los gremios comerciales también incluían comidas de carne sacrificada a los ídolos y las ceremonias idólatras.

Más allá de los artesanos y trabajadores de clase baja que habrían estado incluidos en gremios comerciales, los más ricos socialmente habrían enfrentado dificultades financieras y sociales relacionadas con su fe cristiana. Cualquiera que tomara en serio el éxito en los negocios habría tenido que desarrollar y mantener relaciones con las clases altas. Las ocasiones sociales en las que uno hacía tales contactos comerciales, negociaba con los clientes y apaciguaba a los contratistas, giraban en torno a la adoración idólatra y la depravación moral. Muchas veces, tales negocios se realizaban en los templos paganos cuando los invitados se reunían en los comedores del templo y se servían alimentos sacrificados a dioses paganos. En otras ocasiones, estas discusiones ocurrieron alrededor de las mesas reclinables de las villas romanas.

Este tipo de fiestas generalmente incluían prácticas que harían sonrojar a la persona moderna obsesionada con el sexo e indiferente a la violencia. Los invitados se excedían en la comida hasta no poder comer más; luego se dirigían al vomitorio, purgarían la ingesta y regresarían al banquete para experimentar el placer de comer de nuevo. Habría consumo excesivo de alcohol y embriaguez. Luego siguieron las denominadas «después de las cenas».

Las bandas itinerantes de prostitutas bailarinas eran contratadas para las fiestas realmente «buenas», y después de las comidas, bailaban. En medio de esto, los comensales participaban en una orgía borracha con las prostitutas. (Note que la iglesia en Tiatira falla en estos mismos puntos, es decir, comer alimentos sacrificados a los ídolos y entregarse a la inmoralidad sexual [Apocalipsis 2:20]). Esta no era una práctica marginal, sino un comportamiento normal para ese tiempo. Cualquiera que quisiera tener éxito en los negocios habría tenido que asistir a tales reuniones de vez en cuando, y se habría esperado que los ricos asistieran a tales reuniones para mantener su posición social.

En este contexto, no debería sorprender que los dos temas más repetidos en el libro de Apocalipsis tengan que ver con las finanzas y la idolatría. Recuerde a aquellos que llegan hasta el final, que usan las ropas blancas y que tienen sus nombres escritos en el Libro de la Vida, se mantienen lejos de la idolatría y sufren la pobreza material y cualquier otra cosa que se les presente en lugar de rendirse ante los ídolos. Todo esto vuelve a la misión. De una manera muy real, la Iglesia se enfrentó a una decisión entre el dinero y la misión. Tenían que elegir entre vivir piadosamente y llevarse bien en el mundo financiero.

¿Cómo podrían los cristianos predicar que no hay otros dioses sino uno y todos los demás representan las vanas creaciones de hombres ignorantes y al mismo tiempo adorar al emperador? ¿Cómo el mensaje de tomar la cruz y seguir a Jesús encuentra un público cuando sus predicadores huyen del sufrimiento y adoran a los dioses falsos solo para ganar dinero rápido? ¿Cómo pueden los perdidos escuchar el mensaje de un reino de otro mundo con sus propios valores financieros y sociales cuando los predicadores se ocupan tanto por mantener su éxito en este mundo que con gusto implicarán cualquier cosa y todo?

Claramente, Apocalipsis presupone que la Iglesia no puede ser misional e idólatra al mismo tiempo. Para muchos en el Asia Menor del primer siglo, la misión les costaría su dinero y estabilidad financiera. Sin embargo, este compromiso intransigente con la misión también afectaría el lugar donde vivían. Uno de los castigos de Domiciano por negarse a adorarlo tomó la forma de exilio.

Imagine haber nacido en Sardis. Sus tías, tíos, primos, abuelos y padres viven en la misma calle que usted. Mientras usted camina por la ciudad, puede señalar el árbol del que se cayó cuando era niño y se rasgó las rodillas. Las calles pueden estar polvorientas y sucias, pero le pertenecen a usted y a su familia. Generaciones de sus parientes han vivido, trabajado, amado y muerto en este lugar que usted no cambiaría por ningún otro. No ha sido fácil, pero cuando la elección llegó entre su negocio y su fe, usted dijo valientemente: «Si Dios puede cuidar de las aves del cielo y las flores del campo, Él suplirá nuestras necesidades». Cuando sus vecinos le rechazaron, le llamaron oportunista, cobarde, anti- romano y rebelde, tomó sus insultos y moretones y los puso con amor en sus labios para proclamar un evangelio de gracia con palabras y hechos. Ahora el flamante centurión grita: «¡Adore al emperador o confiscaremos su propiedad y le enviaremos lejos de su familia a tierras bárbaras lejos de todo y de todos los que haya conocido!» ¿Qué hará usted? Se le pedía a la iglesia en Asia Menor que no solo pagara la misión con su dinero; sino que lo pagaran con sus propios hogares mientras se enfrentaban al exilio por el bien del evangelio.

No se necesita ser un genio para ver que la persecución que hemos estado discutiendo no se habría limitado a la pérdida financiera y el exilio. Por cierto, la historia de la Iglesia primitiva gotea con la sangre de los mártires, y la carta de Apocalipsis, más que cualquier otro libro en nuestro Nuevo Testamento, invita a la Iglesia a considerar el costo de la misión y a pagarlo, incluso cuando cuesta todo. Se alienta a Esmirna a ser fiel hasta el punto de la muerte (Apocalipsis 2:10); la victoria en Laodicea según el modelo de la victoria de Jesús implica martirio (Apocalipsis 3:21); los que estaban debajo del altar habían sufrido el martirio a causa de su testimonio (Apocalipsis 6:9). La voz del cielo describe la victoria final de Dios: «Ellos lo conquistaron por la sangre del Cordero y por la palabra del testimonio de ellos, y no amaron sus vidas ni siquiera ante la muerte» (Apocalipsis 12:11, paráfrasis del autor).

La madre de las rameras, que la mayoría estaría de acuerdo en que representa a Roma y su imperio, es descrita de esta manera por Juan: «Vi a la mujer que se había emborrachado de la sangre de los santos y de la sangre de los que habían hecho del testimonio de Jesús el hábito mismo de sus vidas» (Apocalipsis 17: 6, paráfrasis del autor). En otra revelación sobre la caída de Roma personificada por la prostituta, Juan escucha las palabras: «Y en ella se encontró la sangre de los profetas y santos y de todos los que habían sido masacrados en su territorio» (Apocalipsis 18:24, paráfrasis del autor). Unos versículos más tarde, el cielo canta sobre la venganza de Dios sobre Roma por matar a sus siervos (Apocalipsis 19:2). A lo largo de Apocalipsis, una y otra vez, Yahvé nos recuerda que aquellos que permanecen firmes y misionales lo hacen a riesgo de perder sus propias vidas ante un sistema mundial hostil indiscutiblemente opuesto a Dios y su reino.

Entonces, al considerar a la iglesia que leyó la carta de Apocalipsis y entrar en su mundo, sintiendo sus temores, esperanzas y amores, tal vez descubramos que no podemos juzgarlos fácilmente. Después de todo, ¿cuántos de nosotros tenemos un compromiso tan inquebrantable con el Evangelio que dejaríamos de lado nuestra riqueza, nuestro hogar y nuestra vida para procurar que el mundo lo conozca? La iglesia en Apocalipsis se enfrentó a algo que pocos que viven en el mundo occidental de hoy pueden siquiera comenzar a comprender: una crisis en la misión de proporciones apocalípticas. Porque ellos eran una iglesia que se preguntaba: «¿Seguiremos comprometidos con la misión cuando cueste nuestro dinero, nuestro hogar y nuestra vida?»

Aunque incontables eruditos, predicadores, simples creyentes, herejes e impostores han usado barriles de tinta intentando extraer significado de las páginas del Apocalipsis, muchos han olvidado el concepto básico de la lectura de la Biblia. No podemos entender lo que significa un texto hasta que entendamos lo que significa. La clave del significado de Apocalipsis tiene todo que ver con esta crisis en la misión y esta cuestión crítica que turbó los corazones de los residentes de Asia Menor del primer siglo. La interrogante de ellos llegó al corazón mismo de la identidad de la Iglesia. Sólo cuando apreciemos plenamente cómo, cuándo y por qué ellos hicieron esta pregunta, el Apocalipsis comenzará a tener sentido para nosotros. Por cierto, yo sugeriría que casi todo en esta carta, sin importar cuán oscuro y misterioso sea, se puede explicar cuando aceptamos el hecho de que Apocalipsis fue escrito para ayudar a la Iglesia a responder la interrogante: ***«¿Seguiremos comprometidos con la misión cuando cueste nuestro dinero, nuestro hogar y nuestra vida?»***

«¿Seguiremos comprometidos con la misión cuando cueste nuestro dinero, nuestro hogar y nuestra vida?»

Esencialmente, la respuesta de Juan sigue dos líneas: (1) Atienda a lo que sucederá si no nos damos por vencidos. (2) Atienda a lo que sucederá si fracasamos. Iglesia, haga los cálculos. Decidan por sí mismos si la misión vale la pena el costo a la luz de dónde el Dios del universo ha prometido llevarnos.

EL APOCALIPSIS Y LA ÉTICA

ANTES DE QUE PODAMOS profundizar en el tema de este estudio y considerar las canciones de Apocalipsis 7, debemos pensar un poco en la ética. Sé que pocos de mis lectores tendrán sentimientos cálidos y confusos al mencionar la ética, ni es probable que experimenten estremecimientos del Espíritu Santo por todo su cuerpo. Sin embargo, la ética debe llamar la atención de cualquiera que entienda las palabras de esta profecía. Querido lector, preste atención: *el libro de Apocalipsis es principalmente ético*.

A veces entendemos mejor un concepto considerando de cerca su opuesto. Lo opuesto a una comprensión ética de Apocalipsis sería la propuesta por aquellos que trazan diagramas, identifican personajes e imaginan escenarios pos-apocalípticos muy específicos basados en las imágenes de Apocalipsis. La popularidad de tales obras atestigua la atracción de un enfoque de Apocalipsis que explica cada detalle concebible utilizando la tecnología, las personalidades, los lugares y accesorios de nuestro mundo moderno. Los defensores de este enfoque sostienen el Apocalipsis en una mano y el periódico en la otra a fin de encontrar helicópteros en escorpiones, dictadores en dragones. . . o lo que sea.

Ahora, no me malinterprete. No estoy tratando de decir lo que se ha dicho tontamente una y otra vez: «Lo entiendo bien ahora. Conozco el significado de cada símbolo en el libro de Apocalipsis. Que todos los intérpretes me abran paso a mí y a mi perspicacia particular». *No* he descubierto cada giro y aspecto de este libro de la Biblia, ciertamente muy difícil. *Lo* que quiero decir es lo siguiente, incluso *si* hubiera descifrado completamente y precisamente cada símbolo en esta carta, todavía sería posible para mí y mis lectores no captar completamente el punto de Apocalipsis.

Muchos han hecho de su pasatiempo descubrir las cosas secretas y profundas de Dios desentrañando los misterios de Apocalipsis, pero ¿con qué fin? El más popular de estos teóricos gana fama a través de su vislumbre de drama, creatividad y la calidad casi de ciencia ficción de las historias que tejen. Estas creaciones indudablemente hacen que los cristianos sean expertos en el conocimiento secreto. Tan armados, tales creyentes saben cuándo todo comienza a deteriorarse rápidamente, los que estamos dentro no sufrimos sorpresas. O tal vez, dependiendo de sus puntos de vista particulares de la tribulación, los conocedores se fortalecen con la creencia de que si se esfuerzan arduamente para resolver el misterio, solo tal vez, podrán determinar lo que realmente les sucede a esas pobres almas que se pierden el Rapto.

No obstante, en este lado del regreso de Cristo, cualquiera que afirme tener tiempos específicos o incluso la naturaleza específica de los eventos clave establecidos como direcciones en mapas de Google simplemente está conjeturando.

No pretendo que esta ironía obvia denigre a los especuladores. Sin embargo, espero comunicar que las conclusiones de tal especulación no pueden ser probadas. Con mucho gusto me gozaré con mis hermanos y hermanas que han conjeturado correctamente cuando el cielo oriental se abra, y el Señor aparezca en toda su gloria. No obstante, en este lado del regreso de Cristo, cualquiera que afirme tener tiempos específicos o incluso la naturaleza específica de los eventos clave establecidos como direcciones en mapas de Google simplemente está conjeturando.

Ahora, como ya he dicho, tal vez conjeturen correctamente; pero queda una pregunta persistente. ¿Mandó Cristo a su novia esta hermosa carta para que pudiéramos maravillarnos de la diversidad y creatividad de sus intérpretes y sus complejas explicaciones? Afirmo que Dios no está muy interesado en ninguna de estas cosas. Más bien, Él nos ha dado el Apocalipsis para cambiar la manera en que vivimos, para alterar nuestro comportamiento y conformarlo a su carácter. En resumen, leer Apocalipsis debería cambiar la manera en que hacemos absolutamente todo.

El vistazo que Apocalipsis da respecto hacia dónde Dios está guiando toda la historia originalmente era alentar a la iglesia en Asia Menor a persistir en la misión, incluso a costa de su dinero, su hogar y vida. Entender que Dios un día conquistaría a cada enemigo y presentaría a sus fieles como los principales vencedores tenía el propósito de impulsar a estos antiguos creyentes a abandonar todo y obedecer el mandato de Dios de propagar el evangelio al mundo. Si bien los detalles carecen de claridad, las implicaciones carecen de ninguna. Esta visión del futuro lo cambia todo, no al proporcionar un conocimiento secreto de los eventos clave, sino al revelar el curso inalterable de la historia que culmina en la victoria absoluta de aquellos que persisten en la misión y la destrucción final de aquellos que se rinden.

Apocalipsis nos anima a vivir con devoción absoluta a Cristo obedeciendo su mandamiento de la evangelización del mundo. Más allá del tema general de la misión, el propósito de todo el Apocalipsis en esencia es llevar la vida correcta. A veces, Apocalipsis emplea la amenaza negativa del juicio para motivar el buen comportamiento, pero más comúnmente, la promesa de victoria y liberación inspira la verdadera vida cristiana. Sin embargo, siempre obviaremos el punto cuando nos alejemos del comportamiento práctico que inspira Apocalipsis y nos encontremos en el ámbito de los escenarios de ciencia ficción. Además, yo diría que mientras que la especulación engendra desacuerdo y argumentación, la ética de Apocalipsis promueve la unidad de propósito dentro del cuerpo de Cristo. Dejaré a usted decidir qué Dios prefiere.

UN CANTO VALIENTE DE VICTORIA

A MEDIDA QUE LAS IGLESIAS de Asia Menor leían Apocalipsis, enfrentaron una crisis en la misión. Se preguntaban: «¿Nos mantendremos comprometidos con la misión cuando hacerlo nos cueste dinero, nuestro hogar y nuestra vida?» Más allá de simplemente tomar conciencia de la pregunta en sí, también usted ha llegado a comprender que absolutamente todo en el libro de Apocalipsis ha sido diseñado para ayudar a la Iglesia a responder esta pregunta con un rotundo y sin reservas: «¡SÍ, LO HAREMOS!»

Teniendo esto en cuenta, exploremos un pasaje clave, tal vez el pasaje clave, de Apocalipsis. Apocalipsis 7:9–12 «un canto valiente de victoria», donde el panorama general de Apocalipsis se resume en un solo momento de la historia cósmica.

Primero hagamos una pausa para considerar cómo Apocalipsis 7:9–12 encaja en la difusión del libro como un todo. A los eruditos y expertos les gusta discutir interminablemente sobre el esquema adecuado de la carta, y obviamente, estos intérpretes han hecho varias propuestas diferentes dependiendo de sus métodos y suposiciones favoritas. La propuesta que encuentro más convincente comprende el Apocalipsis como la historia del desarrollo de la historia, contada tres veces. Si aceptamos este punto de vista, entonces cada vez que se cuenta la historia aumenta en drama, claridad e intensidad.

Apocalipsis 7:7–12 llega entonces en la culminación de la primera narración de la historia, y la escena representa la comprensión final de nuestro destino como pueblo de Dios. Sin embargo, importa muy poco si usted, el lector, acepta este punto de vista, porque todos estarían de acuerdo en que este pasaje representa un momento culminante, si no el momento culminante, en la historia redentora. Claramente, Dios aquí nos permite contemplar su propósito, plan y lugar eternos para su pueblo. El esquema preferido de uno del Apocalipsis no puede disminuir la magnificencia de la visión.

Extraordinariamente, el lugar al que Dios ha estado dirigiendo toda la historia es en realidad un servicio de adoración.

Extraordinariamente, el lugar al que Dios ha estado dirigiendo toda la historia es en realidad un servicio de adoración. A medida que se desarrolla el cuadro de este concierto cósmico, algo incomprensiblemente radiante y resplandeciente en la oscuridad del universo reduce y disminuye todas las demás imágenes y capta nuestra atención. Dios el Padre, en toda su gloria, esplendor y resplandor, se sienta exaltado en su trono celestial. A su alrededor hay un coro inmenso que levantan sus voces en adoración. El presente pasaje registra la letra de dos de los cantos que entonarán ese día. Sabemos, que en estas palabras, nos encontramos con la música del cielo, porque la rima y el tiempo del texto griego indican que estas palabras no estaban destinadas a la prosa de los púlpitos, sino a los labios llenos de alabanza de los adoradores. Llamo al primero «un canto valiente de victoria» (Apocalipsis 7:9-10) y al segundo «Un canto humilde de alabanza» (Apocalipsis 7:11-12). Aquí dirigimos nuestra atención al primero de los dos, en paráfrasis del autor:

> *Después de ver estas cosas, he aquí, había una gran multitud, que nadie era capaz de contar, de cada nación, tribu, pueblo y lengua de pie ante el trono y ante el Cordero, habiendo sido vestido con túnicas blancas que ondulaban y sosteniendo ramas de palma en sus manos. Y que seguía clamando en voz alta, diciendo:*
>
> *¡La salvación es de nuestro Dios, que se sienta en el trono,*
> *y del Cordero!*

Solo la última línea contiene las palabras reales de «Un canto valiente de victoria». Las otras palabras simplemente establecen el canto dentro de su contexto adecuado al describir al coro encargado de la tarea de iniciar el concierto más espectacular de todos los tiempos.

Considere el coro. Observe su aspecto. El primer detalle que llama nuestra atención es que nadie es capaz de contar la multitud de cantantes reunidos alrededor del trono de Dios. Esto parece bastante claro, pero esta multitud oculta uno de los debates interpretativos más complicados de todo el libro de Apocalipsis bajo sus ropas blancas delicadas: a saber, ¿quiénes son exactamente estos cantantes? Justo antes de este pasaje, Juan ha estado describiendo a los 144 mil, integrados por 12 mil personas elegidas de cada una de las tribus de Israel, y algunos dicen que estas son simplemente dos formas diferentes de hablar sobre el mismo grupo de personas.

Tenga en cuenta que anteriormente Juan señaló con precisión la multitud de personas en 144 mil, mientras que aquí, simplemente nos dice que nadie podría contar la multitud. Estoy firmemente convencido de que esta multitud representa a los redimidos, todos los que de todos los tiempos han invocado el nombre del Señor Jesús para la salvación. Son todos los que le pertenecen, los que Él llama suyos.

Algunos lectores no encontrarán mi explicación convincente, y eso está bien. De cualquier manera que resolvamos los detalles de la identidad de la multitud, dos hechos dominan y exigen explicación. Primero, esta multitud de cantantes no puede ser contada, y segundo, de alguna manera sus miembros tienen el derecho de entonar el canto de salvación. Por lo tanto, parece seguro llamarlo la multitud de los redimidos, y esto sigue siendo cierto incluso si algunos excluyen ciertos segmentos de los redimidos de esta multitud en particular. Sin embargo, excluir a cualquier rama del pueblo redimido de Dios de la multitud me parece muy cuestionable basado en el hecho de que el texto establece que cada nación se encuentra entre sus filas.

Más allá del tamaño del coro o multitud del fin de los tiempos, uno nota inmediatamente su extraordinaria composición. Los miembros vienen de todas partes. Juan se esfuerza mucho por resaltar la diversidad de los redimidos. Al confrontar este pasaje con un tapiz étnico, la iglesia en el Asia Menor del primer siglo habría estado atenta a ciertas verdades. Como una iglesia en su mayoría gentil, ellos habrían quedado bastante impresionados por la cantidad de sinónimos cercanos modificados por el expansivo «de todas» naciones.

Cada nación (*etnia*) y pueblo (*laos*) encuentran representación en la multitud. A menudo, estos términos sirven para distinguir al pueblo escogido de Dios de Israel de todos los demás, pero aquí surge una imagen impresionante del alcance de la redención. La Cruz no tiene en cuenta fronteras. Ser judío de nacimiento no es una ventaja, como tampoco lo es la ciudadanía romana; Dios ha abierto ampliamente la redención a todo tipo de personas. Esta perspectiva de los espacios abiertos de la acción salvadora de Dios encuentra más apoyo con la adición de cada tribu (*phulē*) y lengua (*glōssa*). La tribu no necesariamente equivale a la relación de sangre; más bien, a menudo se refiere a un segmento de población en particular. La *lengua* representa una forma de hablar sobre la diversidad de las lenguas humanas.

Hubiera sido suficiente para Juan simplemente haber escrito, «de todas naciones», pero como ocurre tan a menudo en el Apocalipsis, la presentación se calcula ser impresionante. No es solo diversidad, sino diversidad hasta el enésimo grado multiplicada por el infinito. Casi parece ser exagerado. Sin embargo, la grandeza no se habría desperdiciado en los cristianos de Asia Menor.

Piense en la crisis en la misión que enfrentó la iglesia del primer siglo en Asia Menor. Recordemos que esta iglesia tuvo la tarea poco envidiable de decidir si permanecería comprometida con la misión, es decir, con predicar el Evangelio con palabras y hechos, frente a la pérdida de su dinero, hogar y vida. Para esta iglesia, la diversidad de esta multitud dice: «¡Iglesia en Asia Menor, mira lo que sucede si no te rindes!» Por cierto, si las autoridades civiles e imperiales los llevaran al exilio, el evangelio llegaría a todo el mundo conocido. Sufrirían, perderían sus hogares, serían separados de amigos y familiares, y nunca volverían a ver su patria. Sin embargo, debido a su sufrimiento, las naciones se reunirían alrededor del trono de Dios al final de los tiempos, entonando un canto valiente de victoria a su Dios.

No se puede decir que este sea un caso de Dios que obra a pesar de las dificultades y el sufrimiento. Esto es diferente. Este coro cósmico del tiempo del fin no puede surgir de otra manera. El coro surge no a pesar del sufrimiento, sino a causa de él. El exilio mismo, en las manos de Dios, sería el instrumento por el cual Él permitiría la propagación del evangelio a las naciones. La iglesia en Asia Menor tuvo que decidir si comprometería el evangelio y evitaría el dolor del exilio o aceptaría el exilio y el evangelio.

Si ellos pudieran soportarlo, el sufrimiento se convertiría en una oportunidad para predicar el evangelio en tierras no alcanzadas. Si la Iglesia se mantiene comprometida con la misión, ganará a las naciones. En última instancia, la diversidad étnica de la multitud de los redimidos demuestra que la perseverancia en la misión en realidad resulta en el cumplimiento de la Gran Comisión de Mateo 28:19-20. ¡Id! ¡Enseñe a las naciones (*ethnos*)!

Quizás más sorprendente que el tamaño y la diversidad de la multitud es su postura. El texto relata una escena extraordinaria. Esta poderosa multitud en realidad tiene la audacia de pararse ante el trono de Dios. Si no consideramos esto cuidadosamente, podemos pasar por alto la particularidad de tal espectáculo.

A lo largo de la Biblia, Dios mantiene concienzudamente a los seres humanos a una distancia segura de su presencia manifiesta. Cuando Moisés anhela ver el rostro de Dios, tiene que tomar el premio de consolación de ver la espalda de Dios. Además, Dios le informa que nadie puede ver su rostro y seguir con vida (Éxodo 33:20-23).

Aunque hay algunas excepciones a esto en las Escrituras, por lo general, cuando solo un destello de la gloria y majestad de Dios se hace visible, por lo menos, nadie puede ponerse de pie. Considere la dedicación del templo de Salomón (2 Crónicas 5:14); cuando la gloria del Señor llenó el templo, los sacerdotes ni siquiera podían estar allí. O imagine en la comisión de Ezequiel; él vio una poderosa visión de la gloria y majestad de Dios, y se postró sobre su rostro (Ezequiel 1:28). Sin embargo, si pensamos en esta imagen desde la perspectiva del Nuevo Testamento, podríamos encontrarla menos impactante. Después de todo, muchas personas vieron a Jesús, a quien sabemos que fue Dios en la carne. Además, en la próxima transición de las edades descritas en Apocalipsis 7, esperamos con certidumbre que el pleno conocimiento previsto en 1 Corintios 13 se convierta en una realidad. Ese día, todos los cristianos verán a Dios cara a cara y lo conocerán tal como son conocidos por Él.

Sin embargo, a la luz de todo lo que sabemos de la presencia manifiesta de Dios el Padre, parece sumamente insólito que esta multitud incontable de redimidos tenga la osadía de permanecer firmemente en la gloria y el resplandor de Dios el Padre ante el trono celestial. ¿Soy solo yo, o es esto muy, muy, raro? Note también que no estamos hablando de una reunión de los Pablos y Pedros del Reino. Esta no es solo la gente realmente «buena»; son absolutamente todos los que lo llaman Señor. Toda la imagen me hace pensar dos cosas: (1) ¡Qué increíble, qué audacia! (2) ¿Cómo sucedió eso?

La audacia probablemente no debería sorprender a mí ni a nadie, teniendo en cuenta lo que la multitud o el coro visten. Juan informa que han sido vestidos con ropas blancas. Un punto que los lectores de otras lenguas pueden pasar por alto aquí se refiere al estado de ánimo pasivo divino del participio perfecto griego. No se preocupe por los detalles de asunto gramatical. El sentido es bastante simple. El coro no ha ido a un vestuario celestial y elegido ropas blancas para sí mismos. Dios mismo los vistió, y Él seleccionó esta prenda en particular para rendirles un alto honor, uno que solo Dios mismo puede otorgar.

El vestuario nos lleva de vuelta a la iglesia en Sardis en Apocalipsis 3. Aquí Dios promete a los victoriosos que serán vestidos con ropas blancas. (Una vez más, se usa el pasivo divino.) Como hemos dicho anteriormente, ser victorioso o vencer tiene que ver con seguir llevando vidas misionales a pesar de la presión para abandonar la vida misionera. Aquellos que llegan hasta el final, aquellos que conforman la multitud o coro de los redimidos, son los mismos, cada uno que se ha negado a abandonar su devoción a predicar el evangelio con palabras y hechos, incluso a costa de su dinero, su hogar y su vida.

No se necesita mucha imaginación para entender que tales personas puedan tener cierta audacia. Las ropas blancas no producen audacia; más bien, lo reflejan. La verdadera fuente de audacia radica en lo que la persona sostiene en las manos: las ramas de palma. Por cierto, es probable que usted note un corolario persistente de esta escena: la dura realidad de que aquellos que eligen el dinero, el hogar y la vida sobre la misión no reciben ropas blancas y no se unen a la multitud de los redimidos. Si esto ofende, solo puedo decir que el autor de Apocalipsis simplemente no puede imaginar a un cristiano auténtico que carezca de lo que muchos hoy llamarían el celo misionero de un extremista.

Como acabo de insinuar, las ramas de palmas en las manos contienen la respuesta a la pregunta: «¿Cómo sucedió eso?» La rama de palma tiene un triple significado. Primero, hace que uno piense en la Fiesta de Sucot, o lo que probablemente usted conozca como la Fiesta de los Tabernáculos. Durante la fiesta, los judíos tradicionalmente construían albergues en forma de tienda de campaña, que cubrían con ramas de palma. Esta fiesta conmemora los recorridos por el desierto del pueblo de Israel y la provisión de Dios para su pueblo durante esos años. Sin embargo, tiene un significado adicional en el hecho de que también funciona como un monumento militar, que llama la atención sobre el papel de Dios en guiar a su pueblo a la victoria militar sobre los pueblos que habían habitado la Tierra Prometida.

En el mundo romano, la rama de palma tenía un significado similar. Cuando un general romano regresaba victorioso del campo de batalla, se realizaban desfiles magníficos con personas que sostenían ramas de palma como símbolo de victoria. Tal desfile ocurrió cuando Tiberio destruyó el templo en Jerusalén en el año 70 d.C. y regresó a Roma con sus vasos sagrados como trofeos de guerra. La rama de palma como símbolo de victoria también ocupó un lugar destacado en los eventos atléticos en la tradición grecorromana. A menudo, aquellos que ganaron un evento en los juegos, ya sea en Corinto, Tesalia u Olimpia, recibieron ramas de palma como símbolo de su victoria en la competencia.

La rama de palma también nos hace pensar en la entrada triunfal cuando Jesús entró en Jerusalén montado sobre un pollino. En esta ocasión, las multitudes cortaron ramas de palma y las arrojaron ante Jesús, pavimentando su entrada en Jerusalén (Mateo 21:5-9; Marcos 11:8–11; Juan 12:12–15). Curiosamente, sólo Juan, quien muy posiblemente escribió tanto el Evangelio de Juan como el libro de Apocalipsis, agrega un punto en su evangelio sobre las ramas para resaltar que eran ramas de palma. La importancia de la rama de palma tiene implicaciones obvias para los lectores conocedores del símbolo de la imagen.

El pueblo de Jerusalén en este día saludó a Jesús como un general, y por fe decidieron tener un desfile de la victoria. Expresaron su creencia en Jesús como el que lanzaría una guerra santa contra Roma y restauraría el trono de David a su poder y gloria. No obstante, Jesús tenía en mente un camino diferente hacia la victoria, y no conduciría a un campo de batalla con legiones dispuestas contra guerreros santos, sino a una colina en forma de cráneo donde sufriría la muerte vergonzosa y humillante de un revolucionario fallido.

Por cierto, cuando las multitudes de Jerusalén se dieron cuenta de que Jesús tenía en mente un tipo diferente de victoria, ellos mismos reemplazaron su «¡hosanna!» con «¡crucifícalo!» Yo diría que sólo en Apocalipsis 7 finalmente vemos el alcance completo de la verdadera victoria que Jesús tenía en mente ese día. Él no reprendió a la multitud y dijo: «No, no, ustedes están equivocados. No he venido a derrotar a imperios malvados y opresores. Simplemente he venido a enseñarles a amar». Él aceptó el desfile de victoria, y ciertamente Él ganó una victoria. Sin embargo, esta victoria es tan grande, tan cósmica en esencia que uno solo puede verla ampliando su percepción hasta que toda la historia humana se pueda ver a la vez. Aunque diferentes partes del Nuevo Testamento aluden el alcance y la grandeza del triunfo de Cristo, solo la percepción amplia del Apocalipsis lo pone completamente en su perspectiva adecuada.

Inconfundiblemente, las ramas de palma en las manos de la multitud o coro testifican poderosamente de una victoria, pero la centralidad de esta victoria solo es completamente evidente cuando escuchamos las palabras del canto en sus labios: «¡La salvación es de nuestro Dios, que se sienta en el trono, y del Cordero!»

La primera palabra del canto, «salvación», soteria en griego, enfoca todo el curso de la historia cósmica hasta el más pequeño detalle. Soteria significa no simplemente una experiencia espiritual, sino más bien, habla de un pueblo oprimido, atormentado y asustado que es liberado de una destrucción segura por medio del rescate militar. Aquí la historia se reduce a una victoria determinada por el plan de Dios Padre; porque la salvación es de Aquel que se sienta en el trono. La victoria pertenece igualmente al agente de la victoria de Dios, a saber, su Hijo Jesús; porque la salvación es también del Cordero. Sólo aquí comprendemos finalmente toda la amplitud de la ovación de la entrada triunfal.

Mientras la iglesia en Asia Menor percibía las vistas y los sonidos del servicio de adoración final, notaron que el coro estaba de pie, vestido de blanco, sosteniendo ramas de palma y entonando un canto valiente de victoria. Habrían escuchado la voz serena y clara de su Padre susurrando un mensaje de aliento en sus oídos. «Es cierto que si persistes en la misión, si no te rindes y no cedes, puedes perder tu dinero, tu hogar y tu vida. No obstante, debes saber esto, llegará un día en que toda fuerza que se oponga a mi evangelio será derribada. Los derrotaré a todos, y serán consumidos en la victoria. Ese día, ningún concejal que arruinaría tu negocio, ningún centurión que te llevaría al exilio, ningún tribuno que te torturaría o crucificaría o decapitaría podrá mantenerse en pie. Ni siquiera el poderío militar de Roma tendrá influencia. Iglesia, no importa lo que te hagan, llegará un día en que sostendrás la rama de palma de la victoria firmemente en tu mano; ciertamente no serán tus enemigos».

Sería un error silenciar de alguna manera las implicaciones claramente militares que se encuentran en una descripción tan vívida de la victoria. La iglesia en Asia Menor, luchando con su compromiso con la misión, no se enfrentaba a un enemigo puramente espiritual. Su enemigo tenía poder real para romper huesos y extraer sangre. Su enemigo tenía el poder de tomar comida de la boca de sus hijos. Su enemigo tenía los medios para desterrarlos de sus seres queridos. El mensaje de Apocalipsis no pretende que nuestros enemigos de carne y hueso puedan ser quitados por simplemente espiritualizarlos, ni promete gozo en lugar de dificultades. Sin embargo, promete que la historia se dirige a un lugar de victoria, y no importa cuán fuertes sean nuestros enemigos, no importa lo que ellos tomen, y no importa lo que nosotros, la Iglesia, podamos sufrir, ¡al final, somos vencedores!

La victoria que Jesús ganó en la cruz significa que los poderes del mundo contrarios al evangelio, con absoluta certeza, llegarán a un día en que Dios los aplastará por completo, dejándolos vencidos e impotentes. La Iglesia, el pueblo de Dios, sostendrá las ramas de palma ese día.

EL CANTO DE NUESTRA VIDA

AHORA QUE hemos visto un canto valiente de victoria, quiero hacer una pausa para considerar las implicaciones de este canto para la vida cotidiana. Una vez más, quisiera enfatizar algo que mencioné anteriormente. Muchas personas tienen la idea equivocada acerca de Apocalipsis. Ellas consideran este libro como arte abstracto. Es interesante examinarlo de vez en cuando. Es algo entretenido suponer el significado de las formas sobrenaturales descritas en sus páginas, pero las extrañas imágenes no logran conectarse con la vida en el mundo real. ¡Nada más lejos de la realidad!

Apocalipsis es el libro más práctico del Nuevo Testamento. Cada palabra, cada imagen, cada símbolo pide al lector que cambie su vida. Este libro exige una acción muy específica de nuestra parte. La imagen envolvente del universo de la victoria contenida en la música de este Canto audaz de victoria de muchas maneras enfoca las muchas súplicas de Apocalipsis a la acción en una sola y clara convocatoria. Este canto exige que todos los que lo escuchan a conformar sus pensamientos, actitudes y acciones al tipo de vida a la que Jesús nos llama: una vida misional. Es decir, las palabras, las notas y la melodía del canto constituyen el tema central recurrente de la vida cristiana.

Apocalipsis es el libro más práctico del Nuevo Testamento.

Si alguna vez usted ha visto una película, sabe lo importante que es la música. Me encanta *Guerra de las Galaxias*, y cuando vi las características especiales del episodio 4, supe que George Lucas casi usó una música disco extraña de la década del 1970 para producir el tema musical de la primera película. Ver algunas de mis escenas favoritas con la música equivocada cambiaría todo el sentimiento y el significado de la historia. Sin «Dun Dun Dun Dadadun Dadadun» de John Williams, Darth Vader sería solo un tipo malo inusualmente alto con una capa. Con la música, Vader se convierte en un tipo malo y amenazador. El público sabe cómo sentirse acerca de él. Saben que él es el enemigo de todo lo que es bueno. Pido disculpas si *Guerra de las Galaxias* no es de su interés.

El punto es que en las historias contadas a través del cine o incluso en musicales y óperas en vivo, la música pone en contexto las acciones de los personajes. La música nos dice cómo sentirnos acerca de ellos. La música nos indica el significado de los eventos que estamos presenciando. ¿Acaso no sería bueno si la vida fuera como las películas? ¿Acaso no sería bueno si la vida viniera con un tema musical para poner todo en contexto, para revelar la verdadera naturaleza de los eventos que estamos viviendo y para ayudarnos a anticipar lo que viene después en la historia? Bueno, resulta que en Apocalipsis, Dios nos dio solamente el tema musical central. Al igual que una película, donde el público necesita más de la música en momentos de gran incertidumbre para comprender la historia, el tema musical de Apocalipsis es más necesario en momentos de dificultad y duda. En la historia de la iglesia de Dios en los Estados Unidos de Norteamérica, creo que necesitamos urgentemente un tema musical realmente bueno.

Para la iglesia en Asia Menor en el primer siglo, un canto valiente de victoria le proveyó una imagen del futuro. Esta imagen del futuro sirvió para replantear la comprensión de la iglesia respecto al presente. No se esperaba que ella escuchara el canto solo una vez. Juan esperaba que la iglesia reemplazara cualquier tema que sonaba en el fondo de sus vidas con este nuevo tema musical. Ellos necesitaban procesar su crisis en la misión a través de este canto. Como expliqué en el último capítulo, el canto de victoria los movió a decidir si estarían dispuestos a pagar el alto costo de la fidelidad en la misión. ¿Predicarían el evangelio y ordenarían toda su vida en torno al cumplimiento de la Gran Comisión cuando hacerlo costaría a cada uno su dinero, su hogar y tal vez incluso su vida?

Ahora, comprenda que nuestros antepasados espirituales no respondieron a esta pregunta en un momento decisivo. Ellos dieron su respuesta momento a momento durante su vida cotidiana. En el mercado de alimentos, una mujer de Éfeso se enfrentó a una decisión. ¿Le diré a este panadero acerca de Jesús? ¿Arriesgaré mi hogar para que él pueda escuchar el Evangelio? En estos momentos, casi se puede escuchar el canto de victoria en el fondo aumentando de volumen. Diciendo: «¡Considere el futuro! ¡Considere la multitud reunida alrededor del trono! Sí, hay riesgo. Sí, esta pequeña opción puede tener un costo alto. Sin embargo, ¡tome una decisión basada en el futuro, no en el miedo!»

Es justo en estos momentos de decisiones cotidianas en la vida, cuando vemos la realidad, que Apocalipsis cumple su propósito. Su música que forma el tema del canto de nuestra vida constantemente aleja nuestra actividad de la toma de decisiones de nuestros miedos presentes y la lleva al futuro. Nos recuerda que no pertenecemos a este mundo incierto y peligroso, sino a otro mundo del que toda incertidumbre y toda posibilidad de pérdida y derrota han sido prohibidas. Al final del día, el futuro no es una cuestión de especulación y conjeturas. El futuro, presentado en Apocalipsis, da a los cristianos las herramientas prácticas que necesitamos para tomar cada decisión de nuestra vida a la luz de la misión que Dios nos dio para proclamar la salvación al mundo.

No puedo repetirlo lo suficiente: Apocalipsis de principio a fin alude a la misión. Jesús nos mandó ir a predicar en Mateo 28:19-20, pero Apocalipsis revela cómo es realmente una vida de obediencia a su comisión. Como un canto valiente de victoria, la verdadera obediencia no cuenta ningún costo presente muy alto para la recompensa futura de las naciones reunidas alrededor del trono de Dios en adoración victoriosa. La salvación de nuestros vecinos y de aquellos en el otro lado del mundo que aún no han escuchado vale nuestro dinero, nuestro hogar y nuestra vida. Sin embargo, sería un error pensar que el llamado de Apocalipsis a la misión es sacar a los cristianos nominales de la mediocridad tibia a una vida misional dinámica. De lo que hemos estado hablando no es una cuestión de cambiar el tema central de nuestra vida a un canto decentemente aceptable a un canto verdaderamente impresionante e inspirador.

En este punto, debo recordarle que Apocalipsis es una revelación. Esto significa que no es un libro de cómo llevarse bien en el mundo encontrando una manera neutra cómoda donde vivir seguro sin ser detectado. La literatura apocalíptica ve el mundo en marcados contrastes. Desde esta perspectiva, este libro revela que el mundo y su sistema no poseen cualidades redentoras. Son totalmente malvados... destinados a la destrucción y al juicio. En contraste, Dios y su reino no tienen ningún rastro de maldad u oscuridad en ellos, y aquellos que eligen vivir, bajo el gobierno divino, no se atreven a comprometerse con el mundo de ninguna manera o forma.

Esto nos lleva de vuelta a las siete iglesias. Apocalipsis nos informa de tres respuestas cuando ellos enfrentaron su crisis en la misión. Algunos denunciaron la misión y simplemente aceptaron los valores y las prácticas de Roma porque juzgaron que el costo de la vida misional era muy alto. Otros tomaron un camino intermedio. Debilitaron la misión, mezclando la idolatría y la inmoralidad grecorromana con el cristianismo. Sin ir tan lejos como para aceptar la idolatría, otros en este camino intermedio simplemente se convirtieron en cristianos zombis. Se esforzaron por vivir como cristianos, pero abandonaron la parte más arriesgada de la relación con Cristo, es decir, dejaron de proclamar las buenas nuevas. Otros ignoraron su propia seguridad y permanecieron fieles hasta el punto de la muerte. En resumen, ante la pregunta, «¿seguiremos comprometidos con la misión cuando cueste nuestro dinero, nuestro hogar y nuestra vida?», estos radicales respondieron con un rotundo «¡sí!»

Debido a que en este libro, nos enfocamos en los dos cantos de Apocalipsis 7, planteamos el mensaje de las misiones de Apocalipsis principalmente desde un ángulo positivo. La visión del futuro ahora inspira la vida misional. Sin embargo, sería irresponsable ignorar el hecho de que Apocalipsis pone mucho peso en el lado negativo de las cosas. Por cierto, como señalamos, las iglesias en Asia Menor respondieron a su crisis de misión de tres maneras: (1) denunciando la misión, (2) domesticación de la misión y (3) fortaleciendo la misión. Sin embargo, Apocalipsis sólo respalda una de las tres respuestas. Por supuesto, estoy hablando de la respuesta plenamente comprometida de aquellos que se fortalecieron en la misión hasta el punto de estar dispuestos a darlo todo para avanzar el evangelio del reino.

Debemos preguntar. ¿Qué pasa con los que abandonaron su comisión? ¿Qué pasa con aquellos que acomodaron el evangelio para escapar del sufrimiento a causa de Cristo? Para ellos, Apocalipsis revela consecuencias nefastas.

En Éfeso, leemos que a los que fracasan en la misión se les quitará su candelero (Apocalipsis 2:5); pero por otro lado, aquellos en Éfeso que persisten en la misión podrán comer del árbol de la vida. La implicación tácita pero clara es que aquellos que no persistan en la misión no probarán el fruto del árbol de la vida. En Esmirna, aquellos que permanecen fieles hasta el punto de la muerte reciben la promesa de la corona de la vida y la inmunidad del poder de la segunda muerte. Una vez más, la implicación inversa no puede escapar a la atención. Aquellos que fracasan en la misión seguramente no escaparán de la segunda muerte (Apocalipsis 2:10-11)

Pérgamo y Tiatira proporcionan ejemplos de conformidad a la cultura. Estas iglesias trataron de mantenerse a salvo al acomodar el evangelio mezclándolo con la práctica pagana. Sin embargo, son llamados a arrepentirse para que Dios mismo no haga la guerra contra ellos y para que no reciban su juicio por sus obras (Apocalipsis 2:14-16, 23). Dios también llama a Sardis a regresar a su antiguo estilo de vida de la proclamación del evangelio. Si no lo hacen, Dios mismo vendrá contra ellos como un ladrón en la noche, y está implícito que sus nombres serán borrados del Libro de la Vida (Apocalipsis 2:3-5). Las cartas a las iglesias desbloquean los misterios de Apocalipsis, y su clara conexión de juicio con el fracaso misional y el compromiso sugiere que la tragedia del fracaso en la misión toca cada escena del juicio en el libro de Apocalipsis, incluido el terrible lago de fuego del capítulo 21.

No podemos olvidar que más allá de sus promesas tranquilizadoras de victoria para aquellos que permanecen fieles en la misión de la Iglesia, Apocalipsis también incluye promesas aterradoras de juicio para aquellos que fracasan. Los que denuncian y los que acomodan o domestican la misión se hacen enemigos de Dios. Se convierten en aquellos contra quienes lucharán los ejércitos del cielo. Se convierten en los enemigos del Cordero, y no escaparán de su ira. Nada los protegerá de la espada afilada que sale de su boca.

Así como las imágenes de la victoria animan a la Iglesia, y especialmente a cada cristiano, a tomar cada decisión a la luz del futuro en lugar de los temores presentes, así las imágenes del juicio nos recuerdan que la misión no es un asunto trivial. Las misiones no es un complemento del cristianismo. No es una actividad especial para los súper santos. La vida misional es la vida cristiana. Si abandonamos nuestra misión y comisión por el bien de proteger nuestro dinero, hogar y nuestra vida, de hecho abandonamos a Cristo. Pasamos de amigos de Dios a ser sus enemigos.

Apocalipsis no solo inspira la vida misional; también advierte contra la traición misional. Una vez más, déjeme recordarle, la obra de la misión es una obra apocalíptica. No ofrece un camino fácil y neutro. La misión de la Iglesia está claramente definida. Desde la perspectiva de apocalipsis, nuestra actitud hacia la misión nos marca. ¿Estamos completamente comprometidos con la misión o no lo estamos? No hay un camino intermedio, y por lo tanto, si fracasamos en las misiones, fracasamos en todo.

Esto puede sonar duro. Sin embargo, recuerde que Juan escribió Apocalipsis para aquellos que experimentan tiempos difíciles. Cuando todo en la vida se vuelve difícil, necesitamos un medio para separar lo esencial de lo no esencial. Cuando las misiones comienzan a costar mucho, la Iglesia naturalmente se pregunta al respecto. ¿Nuestra misión realmente pertenece a la categoría de «esencial»? ¿O concuerda mejor la misión en la categoría de «no esencial»?

La imagen positiva de la salvación de las naciones y la victoria absoluta, juntamente con las advertencias negativas del juicio, trabajan juntas para borrar toda ambigüedad. Nadie que tome en serio Apocalipsis cuestiona el lugar de las misiones en la vida cristiana. Nuestra misión de llevar el evangelio al mundo ocupa un lugar absolutamente central en la vida cristiana. Tanto es así que, si abandonamos la misión, abandonamos no sólo la vida cristiana presente, sino también la vida venidera.

No pido disculpas por esta declaración, pero no es mi punto principal. Ser personas apocalípticamente misioneras afecta la vida cotidiana. En otras palabras, cada cristiano necesita adoptar un canto valiente de victoria a su vida. Cuando esto ocurre, cada una de nuestras decisiones procederá del futuro que Dios ha revelado en lugar de cualquier temor e incertidumbre que determine nuestras circunstancias presentes.

Se me ocurre que algunos pueden ser escépticos acerca de basar toda nuestra vida en unos pocos versículos del libro más excepcional de la Biblia. Sin embargo, esta noción de mirar hacia el futuro como la guía autorizada para determinar nuestras acciones en el presente no es exclusiva del libro de Apocalipsis. Por cierto, la idea para los cristianos de que el futuro controla el presente es una de las ideas más generalizadas en el Nuevo Testamento. En términos teológicos, llamamos a este concepto escatología inaugurada. ¡No tenga miedo! Suena complicado, pero en realidad es muy simple. Significa que a través de la obra y la vida de Jesús, el mundo cambió para siempre.

El mundo cambió porque el gobierno y el reino de Dios conocido como el reino de Dios invadió el mundo a través de Jesucristo. Esto significa que el reino de Dios ya se ha convertido en una realidad presente. Sin embargo, Dios, y con Él, su reino, aún no ha conquistado el mundo. El gobierno y el reinado de Dios son tanto presentes como futuros. Déjeme fijar este pensamiento en las Escrituras para usted.

Jesús mismo, a través de sus bienaventuranzas, nos enseñó a pensar en términos del ya y todavía no. Solo considere las Bienaventuranzas del Sermón del Monte, y mientras lo hace, preste mucha atención a los tiempos presentes y futuros de los verbos en cursiva (paráfrasis del autor).

> Los pobres de espíritu son bendecidos porque el reino de los cielos es de ellos.
>
> Los que lloran son bendecidos porque serán consolados.
>
> Los gentiles son bendecidos porque heredarán la tierra.
>
> Aquellos que tienen hambre y sed de justicia son bendecidos porque serán satisfechos.
>
> Los misericordiosos son bendecidos porque se les mostrará misericordia.
>
> Aquellos que son puros de corazón son bendecidos porque verán a Dios.

> Los que hacen la paz son bendecidos porque serán llamados hijos de Dios.
>
> Aquellos que han sido perseguidos a causa de la justicia son bendecidos porque el reino de los cielos es de ellos.
>
> Ustedes son bendecidos cada vez que le *injurian*, le *persiguen*, y dicen falsamente todo tipo de cosas malas en su contra por causa de mí. *Regocíjense* y *alégrense* porque su recompensa será grande en el cielo. Porque, de esta manera, persiguieron a los profetas que estaban antes de ustedes.

Aquí, en las Bienaventuranzas, Jesús presenta la naturaleza del reino de Dios. Recuerde que Mateo a menudo usa «reino de los cielos», mientras que Lucas y Pablo prefieren «reino de Dios». No se distraiga con esto. Aunque las expresiones difieren, el significado sigue siendo el mismo, a saber, el gobierno y el reinado de Dios. Note que la primera bienaventuranza y las dos últimas bienaventuranzas están en tiempo presente.[1] Ellos declaran la bendición presente de aquellos que escucharon las palabras de Jesús. Al conocer a Jesús y escuchar su sermón, esas personas ya habían comenzado a experimentar el gobierno y el reino de Dios.

Más tarde en el evangelio de Mateo, cuando las multitudes vieron a Jesús expulsar demonios, al hacerlo ellos habían experimentado el poder sobrenatural y cósmico del Espíritu Santo asociado con el reino de Dios. Por esta razón, Jesús dice: «Pero yo si expulso demonios por el Espíritu de Dios, entonces el reino de Dios ha venido sobre ustedes» (Mateo 12:28, paráfrasis del autor). Esto es importante: el poder sobrenatural del Espíritu Santo visible en las sanidades, exorcismos y todos los dones del Espíritu prueba que el reino de Dios ha irrumpido en el mundo y ya es una realidad presente. Sin embargo, cuando Jesús habló

---

1 He puesto en cursiva todos los verbos que aparecen en el texto griego. Sin embargo, he tenido que proporcionar algunos verbos que no estaban en el original para que sea legible.

las seis bienaventuranzas centrales, usó el tiempo futuro. Por mucho que el poder transformador del reino de Dios pueda ser probado y experimentado por aquellos que siguen a Jesús, también permanece incompleto. Espera una consumación futura.

Claramente todo el Sermón del Monte presenta el concepto del reino de Dios con el fin de enseñar ética. La naturaleza presente y futura del reino de Dios sustenta la vida cristiana. Nos dice qué hacer con nuestro dinero. Nos instruye cómo actuar con el gobierno. Nos da normas sobre el perdón, la oración, y todos los aspectos de cómo vivir en el mundo. Debido a esto, no es de extrañar que el Sermón del Monte se convirtiera en la nueva clase de los creyentes para la Iglesia Primitiva.

Los escritores del Nuevo Testamento como Pablo y Santiago basaron sus instrucciones éticas en los principios que se encuentran en ese sermón. El documento de discipulado cristiano del primer siglo conocido como Didache hace lo mismo. No es exagerado decir que toda la cosmovisión ética de los primeros cristianos deriva de las palabras de Jesús mientras predicaba en el monte. En otras palabras, en los buenos y malos tiempos, cuando es difícil obedecer y cuando es fácil, en la riqueza y en la pobreza, en el Oriente y en el Occidente, en cada circunstancia concebible de la vida, los principios del Sermón del monte deben guiar las acciones concretas y prácticas de los cristianos cotidianos.

Ahora, esta guía consiste en algo más que «dar la otra mejilla». La perspicacia del Sermón del Monte va más allá de los mandamientos específicos que Jesús declaró en él. El sermón en realidad redefine la realidad. Nos permite saber en términos inequívocos que los cristianos podemos vivir en el mundo como todos los demás, pero no de la misma manera. ¿Por qué?

Vivimos de manera diferente en el mundo porque sabemos algo que los que están fuera de la Iglesia no saben. Sabemos que los presidentes, reyes, congresos, parlamentos e incluso las naciones no tienen el poder real. Por cierto, sabemos que su tiempo está llegando a su fin, porque hemos conocido y somos amigos del Rey que pronto volverá. Él ya ha invadido el mundo, pero solo nosotros los conocedores sabemos sobre la invasión. Solo nosotros hemos probado y visto un poder y una autoridad que hace que todos los gobiernos y dirigentes humanos parezcan niños jugando al liderazgo. Más que eso, el Rey Jesús nos ha dejado participar en su plan.

Él proyecta lentamente y constantemente atraer más y más del mundo a su gobierno hasta que un día, su gobierno, su reino, eclipsará a cada gobernante, autoridad y poderes humanos. Pablo describe ese día en Filipenses 2:10, diciendo: «para que en el nombre de Jesús toda rodilla de los que están en el cielo, y de los que están sobre la tierra, y de los que están debajo de la tierra se postre y toda lengua pueda confesar que Jesucristo es Señor para la gloria de Dios el Padre» (paráfrasis del autor). Y este es el mismo día que nuestro pasaje en Apocalipsis 7 también tiene en mente.

Un día todos los tiempos futuros de las Bienaventuranzas se convertirán en experiencias presentes. Hasta ese día, vivimos entre los tiempos. Vivimos en un mundo en el que el Reino ya ha llegado. También esperamos el día en que la innegable realidad y el poder del reino de Dios se manifestará plenamente. Anhelamos un tiempo en que el mundo con sus males, crueldades, racismo, injusticias e incluso virus sea corregido por la realidad del reino plenamente presente y universal de Dios.

> *Mientras tanto, vivimos en el presente según las reglas del futuro.*

Pero, ¿qué hacemos mientras tanto? Mientras tanto, vivimos en el presente según las reglas del futuro. Esto es en esencia lo que plantea el Sermón del Monte. En él, Jesús nos enseña lo que significa vivir en este mundo sin vivir según sus reglas y valores. Los cristianos no temen lo que la gente común teme. No preguntamos con ansiedad: «¿Qué comeré?» No estamos obsesionados con lo que vestiremos o dónde viviremos. En cambio, confiamos en que el Rey proveerá para sus súbditos. No procuramos nuestra propia honra. No exigimos nuestros propios derechos. No privamos a otros de sus derechos o su dignidad. No guardamos rencor. La lista continúa.

Esto es lo que Pablo sugiere cuando dice: «Porque la ciudadanía de ustedes está en los cielos» (Fil. 3:20, paráfrasis del autor). Por cierto, a medida que Pablo corrige el comportamiento de sus iglesias de nuevos convertidos, esta manera de vivir del otro mundo en el presente según las reglas del futuro siempre están en su mente. En resumen, Pablo insta a sus iglesias a dejar de portarse según las reglas del mundo. Les ruega que dejen de ver el éxito de la manera en que lo hace el mundo. Él ruega a sus congregaciones que vivan según las reglas del futuro y corten todo lazos que se adapte a la forma de este mundo presente.

Tal vez usted se pregunte en este punto si me he desviado del enfoque en Apocalipsis. No lo he hecho. Aquí está la conexión. La idea de que cada una de nuestras acciones como cristianos es moldeada por una visión del futuro no es exclusiva del Apocalipsis. Gracias a Jesús, todo el Nuevo Testamento conceptualiza la ética cristiana de esta manera. Nosotros, como cristianos, creemos absolutamente e inequívocamente en el futuro, el reino de Dios llegará con fuerza. Cuando eso ocurra, todos los gobiernos humanos, dirigentes y sociedades serán como nada.

Nosotros, como creyentes, ya vivimos bajo el gobierno del Reino venidero y también ya probamos su poder. Por lo tanto, elegimos tomar nuestras decisiones y vivir, en un sentido práctico, no solo espiritual, según las reglas, los valores y las demandas del Reino. Vivimos en el presente según las reglas del futuro. Esto no es solo Apocalipsis. Este es el Nuevo Testamento y toda la vida cristiana.

Sin embargo, hay algo único acerca de Apocalipsis. En el caso de Apocalipsis, las reglas del futuro se aplican con gran detalle, cuidado y precisión al tema de las misiones. Como hemos visto, cuando vivimos según las reglas del futuro en un sentido misional, voluntariamente renunciamos a nuestro dinero, nuestro hogar y nuestra vida para que el mundo pueda conocerlo... así las naciones experimentarán el gozo y deleite de ser súbditos del Rey de reyes y Señor de señores.

Habiendo llegado hasta aquí, espero que usted vea cuán práctico es el Apocalipsis. También espero que haya comenzado a anhelar que un canto valiente de victoria se convierta en el canto de su vida. ¿Cómo sería eso durante una pandemia como la que estamos viviendo? Ante preguntas como esta, la bendición de una herencia pentecostal realmente es útil. Durante generaciones, sin hablar de ello de esta manera, nosotros en las Asambleas de Dios nos dedicamos a las misiones de una manera apocalíptica. Las páginas de nuestra historia están repletas de cada persona que ha estado dispuesta a dejar de lado su dinero, su hogar y su vida para hacer su parte en el cumplimiento de la Gran Comisión. Este fue especialmente el caso cuando nuestros padres y madres antepasados espirituales enfrentaron la gran pandemia de gripe de 1918.

En abril de 1914, las Asambleas de Dios celebraron su primer Concilio General en Hot Springs, Arkansas. En noviembre del mismo año en Chicago, el Concilio aprobó una resolución que resume la razón de ser de la Asamblea de Dios: «Comprometemos a nosotros mismos y al movimiento a Él para la evangelización más grande que el mundo haya visto jamás. Prometemos nuestra sincera cooperación, oraciones y ayuda para este fin».[2] Muchos de los que leen esto conocen estos hechos básicos, pero ¿alguna vez se detuvieron a considerar el momento de nuestro nacimiento como un movimiento misionero? Tres meses después de la reunión en Hot Springs, sonaron los primeros disparos de la Primera Guerra Mundial. Unos años más tarde, los soldados estadounidenses se unieron al conflicto. La guerra para poner fin a todas las guerras ciertamente no fue el escenario que nadie habría elegido bajo el cual lanzar el esfuerzo de evangelización más audaz y completo en la historia del mundo. Para colmo, cuando terminó la

---

2 Actas unidas del Concilio General de las Asambleas de Dios en los Estados Unidos de América, Canadá y Tierras Extranjeras (Gospel Publishing House, St. Louis, 1914), 12.

guerra y las tropas comenzaron a regresar a casa, trajeron consigo el virus de la gripe española.

En octubre de 1918, la revista *Christian Evangel* [Evangelio Cristiano] informaba que de quince a dieciocho personas morían cada día en Springfield, Missouri.[3] Tuvieron su propia experiencia de encierro, en la que no pudieron ir a trabajar o a la iglesia. Curiosamente, ellos procesaron estas experiencias apocalípticamente. La gripe y los trastornos masivos en el mundo los convencieron de que los eventos del tiempo del fin se estaban desarrollando ante ellos; creían que lo peor estaba por venir, y creían que quedaba poco tiempo antes de la venida del Señor. Al mismo tiempo, estos primeros pentecostales enfatizaron que el pueblo de Dios no debían temer.[4] En vez del miedo, reconociendo la naturaleza apocalíptica de sus tiempos y percibiendo una batalla espiritual en curso a su alrededor, ellos entraron en acción. En particular, organizaron convenciones de oración en respuesta a esa pandemia.

En 1919, en todo el mundo, los creyentes pentecostales se reunieron para orar en lo que llamaron «convenciones de oración», y no solo oraban por la sanidad. Su verdadera preocupación estaba en algo más profundo y significativo que su propia salud, comodidad, seguridad y bienestar. Uno de los organizadores del movimiento de la convención de oración, Thomas Myerscough, expresa las exigencias de su día y el ímpetu de las convenciones de oración con estas conmovedoras palabras:

> Verdaderamente necesitamos ejercer fe para la manifestación de mucho más de la presencia de Dios y su poder para contrarrestar los furiosos ataques del diablo. En menos de doce meses, la gripe española ha causado la muerte de seres humanos, en multitudes, simultáneamente, en todos los sectores del mundo. Solo en la India, literalmente millones

3 *The Christian Evangel* [El Evangelio Cristiano], 3 de mayo (1919), 3

4 «La gripe española» en *The Christian Evangel* [El Evangelio Cristiano], 19 de octubre (1918), 4

> de personas han sucumbido ante esta pestilencia mortal. Dado que a los poderes demoníacos se les ha permitido crear la destrucción de la vida humana por millones y a escala mundial, ¿no es razonable que los creyentes ejerzan fe para que la redención de millones de almas se logre en poco tiempo y a lo largo y ancho del mundo? Ciertamente, los recursos de Dios son mayores que los del diablo.[5]

Observe dónde todo el peso de su energía y preocupación recae directamente en la «redención de millones de almas», los nunca antes alcanzados.

A medida que estos creyentes se apresuraron a organizar sus convenciones de oración, difundieron pautas para la oración. En las convenciones, no se congregarían alrededor de oradores conocidos, ni buscarían experiencias espirituales personales. Más bien, darían la mayor parte de su tiempo a la «intercesión unida y persistente por lo principal a la vista, a saber, un derramamiento fresco y poderoso del Espíritu Santo».[6] ¿Por qué orar por un derramamiento nuevo del Espíritu? Su respuesta se puede resumir en una palabra: insatisfacción.

> Si bien alabamos a Dios con acción de gracias porque la lluvia tardía ha estado cayendo en los últimos años y el Pentecostés ha llegado en un sentido muy real conforme a Hechos 2:4, es nuestra profunda convicción que el Movimiento Pentecostal *no ha estado a la altura* del nivel del poder apostólico registrado en el Libro de los Hechos, porque en los tiempos apostólicos el poder de Dios se manifestó en la salvación de los pecadores en grandes multitudes.[7]

---

5 «Convenciones de oración», en *The Christian Evangel* [El Evangelio Cristiano], 3 de mayo (1919), 3.

6 Ibid.

7 Ibid. El énfasis es mío.

Estos pioneros del Pentecostés moderno estaban insatisfechos con la medida en que se estaba alcanzando a los perdidos. ¿Cómo ellos podrían estar satisfechos cuando los nunca antes alcanzados permanecían sin ser tocados y en peligro? La pandemia aumentó esta insatisfacción a un punto concluyente, por lo que dejaron todo; ignoraron toda precaución y seguridad, y se reunieron en masa para orar. Convencidos de que el final estaba cerca, viendo el mundo apocalípticamente, centraron toda su atención en la tarea de la Gran Comisión.

En cierto sentido, esta primera generación de santos pentecostales enfrentó la misma crisis en la misión que enfrentaron las iglesias del primer siglo en Asia Menor. Atrapados por una pandemia mortal, ¿seguirían ellos comprometidos con la misión cuando hacerlo costaría a cada persona su dinero, su hogar y su vida? La oración de ellos demuestra que entendieron la importancia de esta pregunta y sabían que solo podían responder afirmativamente con la ayuda sobrenatural del Espíritu Santo. Pero, ¿cómo ellos respondieron a su crisis en la misión? ¿Cuál fue la respuesta de ellos?

Cuando se trata de dinero, la respuesta es clara. En 1916, las Asambleas de Dios dieron 4,879.50 dólares a las misiones mundiales. En 1917 dieron 10,223.98 dólares, y en 1918, casi triplicaron sus donaciones a 29,630.51 dólares. En medio de la mortal tercera ola de la pandemia de 1919, aumentaron aún más sus donativos a las misiones a 63,548.59, dólares.[8] Como en el 2020, en diferentes momentos de ese período anterior, se cerraron minas, restaurantes, fábricas e iglesias y se impusieron cuarentenas. Además, la gripe española se transmitió más fuerte a los hombres entre las edades de dieciocho y cuarenta años, por lo que muchas familias perdieron su principal sostén financiero.

En este contexto, las Asambleas de Dios, como movimiento, dieron con sacrificio. Dieron más, no menos. Lo hicieron porque creían que

8 «Informe del Tesorero de misiones», en *The Christian Evangel* [El evangelio cristiano], 18 de octubre (1919), 2.

el tiempo era corto. Anticiparon el regreso de Jesús en cualquier momento. Principalmente creían que la solemne tarea de llevar el evangelio a los nunca antes alcanzados valía su dinero, incluso en un momento de escasez financiera. Nuestros antepasados hicieron todo esto para que los misioneros pudieran llevar el maravilloso evangelio de Cristo a los nunca antes alcanzados.

Ellos también fueron. Entre 1918 y 1919, el número de misioneros a nivel mundial de las Asambleas de Dios aumentó de 120 a 195. En un tiempo en que las autoridades pidieron a las personas que se quedaran en casa... en un tiempo en que los profesionales advertían a las personas acerca de que el mundo era un lugar peligroso, nuestros abuelos y bisabuelos espirituales fueron. Ellos voluntariamente dejaron sus hogares para que otros pudieran conocer a Jesús. No era seguro para ellos ir, y tampoco era seguro para ellos permanecer en el campo misionero. En esos años de pandemia, los obituarios de los misioneros que permanecieron en sus puestos a pesar del gran peligro y las dificultades resaltaron en las páginas del *Evangelio cristiano*. Por ejemplo, en estos años de pandemia, los misioneros continuaron sirviendo en la República de Liberia, viviendo en casas con pisos de barro y techos con goteras. Según el informe del Concilio General: «A consecuencia de estas condiciones insalubres, muchos de nuestros misioneros se han enfermado gravemente y algunos han muerto».[9]

Sin duda permanece; frente a su propia pandemia, no muy diferente a la nuestra, los primeros miembros de este gran movimiento misionero que llamamos las Asambleas de Dios vieron el mundo de una manera apocalíptica. Permitieron que la visión del futuro, la visión de las naciones reunidas alrededor del trono de Dios al final de los tiempos, determinara sus acciones. Ellos no vivían por miedo sino por causa del futuro. Por lo tanto, voluntariamente cada uno rindió su dinero, su hogar y su vida para cumplir con la Gran Comisión del Maestro.

9 Ibid.

Las presiones que nos tientan a abandonar nuestra misión siguen siendo bastante constantes. La Iglesia antigua las enfrentó, los primeros pentecostales las enfrentaron, e incluso los misioneros que van al campo misionero durante los mejores tiempos las enfrentan. Déjeme asegurarle que como misioneros de carrera, mi familia y yo las enfrentamos muchas veces durante los últimos quince años. En medio de nuestro primer periodo en Filipinas, en diferentes momentos, definitivamente nos preguntamos: «¿Vale la pena entregar por la misión nuestro dinero, nuestro hogar y nuestra vida?»

Nadie se maravillará al saber que ser misionero no trae beneficios financieros lucrativos. Entre mi esposa y yo, tenemos cinco títulos universitarios. Antes de ir a las misiones, ambos recibimos buenas ofertas de trabajo que prometían proporcionar una vida mucho más cómoda que la que experimentamos en las misiones. Nunca nos hemos arrepentido de nuestra decisión de obedecer el llamado de Dios de llevar la vida de misioneros. Descubrimos que Dios siempre se ocupa de nuestras necesidades. No obstante, ciertamente ha habido momentos en los que he sido muy consciente de que nuestra elección ha significado tener menos de lo que podríamos tener de otra manera.

La cultura estadounidense, en formas sutiles y obvias, nos alienta a que nos esforcemos por conseguir posesiones y comodidad y que midamos nuestro valor comparándonos con los demás. ¿Acaso los nunca antes alcanzados no valen nuestro dinero? Casi todos los que leen este libro han hecho sacrificios por el bien de las misiones. Algunos de ustedes han sacrificado más que mi familia. Sin embargo, nunca vamos más allá del punto de hacer esta pregunta tan importante, especialmente cuando los tiempos se ponen difíciles y nuestros ahorros disminuyen: ¿Merece la misión nuestro dinero? Si no permanecemos vigilantes, el atractivo de la seguridad mundana apaga fácilmente la pasión misionera.

Las presiones del campo misionero se extienden mucho más allá de las finanzas. Cuando abordamos el avión por un período de tres años en Filipinas, nos llevamos con nosotros a los únicos tres nietos de los padres de mi esposa. En ese tiempo, nuestros hijos tenían seis semanas, dos años y cuatro años de edad. Además, mi suegra ha estado paralizada de la cintura para abajo desde los catorce años. Sería imposible para ella hacer el viaje de más de veinte horas sentada en aviones y esperar en aeropuertos. Tampoco podíamos permitirnos una visita a casa a mediados de nuestro período. A todos los efectos, nuestra misión nos costaría nuestro hogar, no solo las calles y el sentido de pertenencia asociado con una ciudad natal querida, sino en conexión personal con nuestros seres queridos. Cada misionero, de vez en cuando, se encontrará preguntando: ¿Vale la pena rendir mi hogar por las misiones?

Más que el dolor emocional de la separación de amigos y familiares y el olvido del consuelo, nosotros, juntamente con muchos que participan en la obra misional de tiempo completo, a veces encontramos nuestra vida en riesgo. Disturbios, intentos de golpe de Estado, bombardeos, secuestros y grupos guerrilleros formaban el ruido de fondo de nuestra vida en las Filipinas. Personalmente, nunca experimentamos directamente ninguno de estos peligros. Nuestra área permaneció bastante segura y no tocada por este tipo de calamidades y amenazas. Sin embargo, en ocasiones, el peligro de la muerte invadió nuestra vida, por lo demás tranquila.

Recuerdo una ocasión en particular. Mi esposa de repente colapsó en el piso de nuestra casa con fuertes dolores en el pecho. Le costaba respirar y experimentaba dificultades para permanecer consciente. No había un puesto de 911 para llamar, no había ambulancia con paramédicos capacitados disponibles. La puse en el automóvil y la conduje por un camino sinuoso de la montaña hacia el hospital. A lo largo del camino, seguí orando, pero también pensando para mí mismo: «¿Cómo voy a criar a tres hijos yo solo?» De vez en cuando, le preguntaba si ella estaba bien. A veces ella me respondía; a veces no lo hacía. En esa ocasión, un ataque en la vesícula causó el problema, y viajamos a Manila para una cirugía.

Unos meses más tarde, repetimos el mismo drama. Sin embargo, esta vez, ella sufrió apendicitis aguda. Cuando llegamos a nuestro hospital local en la montaña, los médicos dijeron: «No hay tiempo para llevarla a Manila. Ella podría morir en el camino. Tenemos que operar». Este hospital carecía de jabón en la sala de emergencias para pacientes o médicos. Sábanas sucias cubrían las camas. Las personas entraban y salían de la sala de operaciones libremente. Justo afuera de la sala de operaciones, las ventanas abiertas permitían corrientes de aire exterior en el pasillo. Las personas iban y venían sin lavarse ni ponerse mascarillas. Las hormigas subían y bajaban por la vía intravenosa en el brazo de Lindsey. Muy pocos occidentales estarían felices de recibir tratamiento en un edificio de este tipo. Pero, ¿qué podríamos hacer? Era conducir a Manila al mejor hospital y arriesgar que ella muera en el camino o permanecer en las montañas y arriesgarla a la muerte. De cualquier manera, me enfrenté a la clara posibilidad de ser un padre viudo.

Elegimos una operación en las montañas. Los asistentes llevaron a mi esposa para practicarle una operación simple que tomó casi cinco horas. A medida que pasaban los minutos, seguí leyendo los Salmos y traté de no preocuparme de que la simple cirugía continuara tanto tiempo. Cuando la doctora finalmente vino a hablar conmigo, ella dijo: «Tenemos suerte de que un cardiólogo esté aquí. Su esposa tuvo un problema cardíaco grave durante la operación, y si el cardiólogo no hubiera estado aquí para administrar en el momento justo un medicamento que le salvó la vida, seguramente ella habría tenido un derrame cerebral o habría muerto en la mesa de operación».

En los meses siguientes, mi esposa enfrentó más problemas con su corazón, y finalmente, un médico en Tailandia nos dijo que podía caer muerta en cualquier momento. El medicamento que él la recetó le produjo tanto cansancio que ella apenas podía moverse. Este medicamento produjo algunos efectos secundarios aún más graves, uno de los cuales fue una sensación de que su corazón vibraba en su pecho. Ninguno de los dos podía dormir por la noche, porque ambos temíamos que ella no despertara. Finalmente, decidimos regresar a los Estados Unidos y pedir un permiso médico para llegar al fondo del problema del corazón.

Al salir, el Señor orquestó el tiempo para que tomáramos un vuelo entre dos tifones que devastaron las Filipinas. Cualquier pequeño cambio en nuestros planes y mi esposa habría desarrollado una reacción potencialmente fatal al medicamento justo cuando azotó el segundo tifón a Filipinas. En la situación en que ella estaba, tuvo esta reacción en los Estados Unidos, donde recibió cuidado rápidamente. Si nos hubiéramos quedado, habríamos estado desesperados por llevarla a Manila en medio del segundo tifón que arrasó el camino que habríamos recorrido y mató a doscientas personas en la zona donde vivíamos. Es casi seguro que toda mi familia y yo habríamos muerto. Además de esta historia, podríamos agregar la agonía de llevar a nuestro hijo de un año para la prueba de la fiebre del dengue potencialmente fatal y nuestra ferviente oración mientras esperamos los resultados. También nos enfrentamos a desafíos más mundanos, como el choque cultural, una prueba que nadie, excepto aquellos que han pasado más de un año inmersos en otra cultura, puede entender completamente.

¿Cuál es el punto de repetir las dificultades del campo misionero a usted? Ciertamente, no es un intento de hacer que considere a mí o a mi familia como héroes, o cualquier tontería de ese tipo. Por cierto, de todos los misioneros que conozco personalmente, probablemente usted debería considerarnos entre los más débiles que existen. Otros han enfrentado mucho más, han sufrido mucho más y han perdido mucho más que nosotros. Nuestra breve historia le da una imagen de lo absolutamente mínimo que le sucederá a la persona o familia que se compromete de todo corazón con la misión. El punto que quiero resaltar es que hubo muchos días en que mi familia y yo sentimos ganas de rendirnos. Hubo días en que preguntamos: «¿Vale la pena la misión? ¿Vale la pena nuestro dinero, nuestro hogar y nuestra vida?» Todos los que meten las manos en el arduo trabajo de las misiones, ya sea en casa o en el extranjero, harán esta pregunta.

A veces incluso me he encontrado razonando con Dios. «Dios, hemos estado haciendo esto por bastante tiempo. Hemos hecho una diferencia. ¿Acaso no podríamos simplemente irnos a casa? ¿Acaso no podría yo simplemente conseguir un trabajo rentable y un hogar seguro, tal vez uno con un cercado blanco junto a las personas que parecen y piensan como yo? ¿No estaría eso bien?» Cada vez que pienso así, todo lo que puedo entrever es la visión de las naciones reunidas alrededor del trono de Dios al final de los tiempos, cantando: «La salvación pertenece a nuestro Dios...». Sé que mi familia y yo no podemos, y no lo haremos, rendirnos hasta que hayamos exhalado nuestro último aliento para ver que esto suceda. Saber a dónde van las cosas, saber lo que sucede, saber que la victoria nos espera si no nos damos por vencidos en la misión debería motivarnos a renunciar a nuestro dinero, nuestro hogar y nuestra vida para que los perdidos puedan conocer a Dios.

La visión del fin y el canto de victoria tienen como propósito animar y catalizar a la Iglesia en su propósito, especialmente cuando el costo de la misión parece ser un peso aplastante más allá de nuestra capacidad de soportar. Cuando este Canto audaz de victoria se convierta en el canto de nuestra vida, viviremos de acuerdo con la visión del futuro y no conforme a los miedos del presente.

UN CANTO HUMILDE DE ALABANZA

DESPUÉS DE CONSIDERAR este canto profundo de victoria, uno se pregunta, ¿qué queda por decir o cantar? Sin embargo, el canto de victoria finalmente da paso a un segundo canto, uno de alabanza.

> *Y todos los ángeles que habían estado alrededor del trono y los ancianos y las cuatro criaturas vivientes también cayeron ante el trono sobre sus rostros, y adoraron a Dios, diciendo:*
>
> *¡Es verdad!*
>
> *¡Bendición y gloria y sabiduría y acción de gracias y honor y poder y fuerza sean para nuestro Dios por los siglos de los siglos!*
>
> *¡Es verdad!*
>
> APOCALIPSIS 7:11-12 [paráfrasis del autor]

Con un nuevo canto también viene un coro nuevo, o al menos un coro muy aumentado. En este segundo canto, los ángeles reciben el foco de atención. El verbo griego *heistēkeisan* indica que todo este tiempo, a través del último canto y la escena que abarca a la multitud de los redimidos, los ángeles han estado de pie, rodeando el trono, y la multitud de los redimidos. También vemos que los ancianos y las criaturas vivientes han estado presentes como los más cercanos de todos al trono.

Algunos eruditos sugieren que sólo los ángeles entonaran este segundo canto. En tal caso, después de que la multitud de los redimidos entona un canto valiente de victoria, los ángeles responden inmediatamente expresando su canto humilde de alabanza. Esta lectura tiene sentido a primera vista, ya que la gramática del pasaje solo coloca explícitamente las palabras del segundo canto en la boca misma de los ángeles. Sin embargo, yo, juntamente con otros, argumentaría que la imagen de los círculos reunidos alrededor del trono, moviéndose desde el círculo externo de los ángeles al trono mismo, expande la membresía del primer coro de los redimidos en lugar de reemplazarlo. Ahora el coro incluye a los redimidos *juntamente con* todos los habitantes del cielo. Ningún ser en toda la vasta extensión del cielo podrá evitar unirse a este segundo canto.

Más que la rápida expansión del coro, el segundo canto de alguna manera trae consigo un cambio fundamental en la postura y la actitud. Recordemos el carácter distintivo de un canto valiente de victoria. Durante este canto, de todos los lugares, el coro tuvo el valor de pararse en la presencia misma del Dios vivo, ¡justo delante del trono! Ahora el cuadro se invierte. En lugar de pararse audazmente y exclamar un canto de victoria, los ángeles y los redimidos se postran sobre sus rostros, y adoran.

La imagen de los círculos centrados implica fuertemente una especie de efecto dominó donde cada círculo cae postrado, seguido de los círculos sucesivos, hasta que ninguna criatura en todo el cielo ve nada más que el piso. ¡Qué increíble! Qué contraste entre los versículos 10 y

11. En el primero, contemplamos una multitud triunfante, con el rostro levantado. Podíamos imaginar la gloria del Señor reflejándose en sus rostros. Casi podíamos sentir la confianza de ellos, no arrogancia, no confianza en la suficiencia humana, no confianza en sí mismos, sino confianza en Dios sin nada falso. En un abrir y cerrar de ojos, inexplicablemente, todo esto se desvanece, y no sólo los redimidos pierden la voluntad de ejercer su derecho a permanecer parados en la presencia de Dios, sino que nadie en ninguna parte permanece erguido. La pregunta obvia es, ¿qué pasó? ¿Qué, en todo el universo, podría causar que el estado de ánimo y la postura del servicio de adoración principal cambien tan dramáticamente?

Creo que la explicación del cambio radical entre los dos cantos tiene que ver con los cristianos del Asia Menor del primer siglo que se parecen mucho a mí. En muchos sentidos, mi camino de fe ha sido más un camino de duda. Todo lo que Dios me prometió lo he dudado en algún momento. Recuerdo el momento específico en que supe que Dios me llamó para obtener un doctorado. Decidí seguir a Dios en este llamado y promesa. Sin embargo, pronto comencé a pensar que Dios cometió un error o lo escuché mal. Me pregunté si poseía la capacidad mental necesaria. Lo dudé.

Un incidente en particular renovó mi convicción. En el primer servicio de capilla de un nuevo semestre, el cuerpo de profesores vestido con túnicas académicas se preparó para marchar hacia la capilla. Un amigo y yo estábamos cerca hablando cuando el profesor que fue el motivo de muchas de mis dudas del primer semestre hizo algo bastante inesperado. Se quitó la gorra de doctorado y me la puso en la cabeza. Él dijo: «Chris, vas a usar uno de estos algún día». Cuando el Dr. McGee dijo estas palabras, supe que no me había perdido el mensaje, ni Dios había cometido un error. De alguna manera, en ese momento, la duda se convirtió en fe una vez más.

Una palabra profética de uno de mis maestros más difíciles debería haber sido una fuente de aliento. Sin embargo, aunque me gradué con una maestría con calificación muy alta, rápidamente me encontré rechazado por los dos programas de doctorado a los que postulé. Una vez más, dudé. Me inscribí en otro programa a nivel de maestría, pero el futuro era cualquier cosa menos seguro. Sin embargo, solo seis meses después de estar cursando una segunda maestría, fui aceptado en el programa de doctorado en la Universidad de Aberdeen en Escocia, una de las mejores escuelas del mundo para estudios del Nuevo Testamento.

Una vez más, mi fe se fortaleció. Luego, aproximadamente un año después de entrar en el programa, tuvimos un nuevo bebé y una casa de 200 años que no podía permitirme mantenerla caliente. Un dólar estadounidense débil significaba que yo poseía suficiente dinero para la matrícula y el alquiler, pero no para la comida. Diariamente me enfrentaba a la agonía y las presiones del sistema educativo británico, en el que todo se reduce a un examen oral de todo o nada de una tesis que los estudiantes fracasan regularmente. Usted puede pasar cinco años y gastar 100 mil dólares y salir del programa con deudas de los préstamos estudiantiles pero sin título. Sí, ciertamente dudaba si sobreviviríamos a esos años y si alguna vez obtendría mi título. Sin siquiera hacer una solicitud, alguien de nuestra iglesia comenzó a darnos suficiente dinero para comprar comestibles cada mes. Mi investigación fue sumamente bien, más allá de mis expectativas o las de cualquiera, y me gradué en un tiempo récord.

Este breve cuento no es solo una crónica de mi historia, sino hace eco de la historia de todos los que tratan de avanzar por el camino de la fe. Todos menos los súper santos (ninguno de los cuales he conocido y cuya existencia dudo mucho) caminan regularmente por un circuito entre la duda y la certidumbre. Si esto puede sucedernos y nos sucede cuando vivimos en relativa paz, seguridad y libertad, ¿cuánto más les habría sucedido a nuestros hermanos y hermanas del primer siglo que vivían en Asia Menor?

Al leer la carta de Apocalipsis, ellos, como nosotros, se habrían quedado asombrados por las escenas hermosas, misteriosas e inspiradoras que advierten a la Iglesia adónde conducirán los acontecimientos si no renunciamos a la misión. Ellos habrían leído un canto valiente de victoria, y probablemente habrían respondido algo como esto: «Sí, Juan, tienes razón. Si así es como van las cosas, si eso es lo que sucede cuando no renunciamos a la misión, ¡entonces vale la pena! Predicar el Evangelio con nuestras palabras y con nuestra vida vale la pena perder nuestro dinero, nuestro hogar y nuestra vida. Pero espere un minuto. ¿Cómo sabemos que el Dios que prometió el triunfo realmente puede lograr esta espectacular victoria? ¿Cómo sabemos que Dios realmente puede traer la historia al lugar al que dijo que irá? ¿Cómo sabemos que Dios cumplirá su promesa, o incluso si puede?»

¿Cómo sabemos que Dios cumplirá su promesa, o incluso si puede?

Recuerde, a estas personas se les pedía que arriesgaran su vida, la vida de sus hijos y la vida de su cónyuge. Cada uno de ellos se enfrentó a la clara posibilidad de perder su hogar y su trabajo. Al final del día, corrían el riesgo de no tener un lugar para vivir o algo para comer, y todo debido a su compromiso inquebrantable con el evangelio. Para ellos, Apocalipsis habría sido una fuente importante de consuelo y aliento con su promesa de victoria final frente a una oposición casi inconcebible en la misión. No obstante, de vez en cuando, ellos habrían dudado de su capacidad para soportar, de la capacidad de Dios para conquistar e incluso de fidelidad de Dios para cumplir sus promesas. ¿Cómo podría esta promesa de victoria parecer otra cosa menos que un pensamiento idealista respecto a los peores días y optimismo ingenuo sobre los mejores días? Es por eso que el segundo canto es una necesidad absoluta. Es un canto para el escéptico en todos nosotros.

El segundo canto comienza con la palabra hebrea *amén*. Es posible que usted se haya sorprendido de que mi traducción representara esta palabra como «¡Es verdad!» La mayoría de las Biblias simplemente lo dejan sin traducir, y usan *amén*. El cristiano promedio usa esta palabra varias veces al día sin pensar en lo que realmente significa. Cuando oramos y decimos «amén» al final, lo que realmente queremos decir es «que esto se convierta en realidad». En algunas iglesias, las personas se emocionan durante el sermón, y alguien puede expresar, «¡amén, hermano!» o algo similar. Lo que quieren decir es: «¡Oye, lo que este tipo está diciendo es verdad!»

Curiosamente, este Canto humilde de alabanza comienza y termina con la palabra *amén*, es verdad. De las cincuenta y nueve veces que *amén* ocurre en toda la Biblia, sólo aquí aparece al principio y al final de una línea de la Escritura. En este caso, amén forma los extremos de uno de los dos cantos que sabemos que se entonarán en el servicio de adoración para terminar todos los servicios de adoración. Imagínese a toda la multitud del cielo con gran deslumbre y una multitud imposible de contar que exclama: «¡ES VERDAD!», al principio y al final de este canto de alabanza mientras caen como fichas de dominó postrados sobre sus rostros. Esta escena única nos declara a nosotros, los lectores, que no solo las palabras de este canto son verdaderas, sino que son la verdad misma. Las palabras de este canto declaran la verdad sobre la cual todo el universo se mantiene unido.

Las letras entre los amenes plantean una verdad específica y fundamental: la naturaleza y el carácter del Dios a quien servimos. Ellos forman una declaración y revelación de los atributos divinos, las características que hacen a Dios, Dios, y no a algo o a otra persona. Juan no revela una lista completa de los atributos divinos aquí, sino más bien una lista creada para tranquilizar a la Iglesia: el Dios que prometió que llevaría toda la historia a un lugar de victoria incondicional y absoluta puede y cumplirá su promesa de hacerlo.

LA BENDICIÓN

El primer atributo que resuena en todos los cielos parece bastante simple. Nuestro Dios se define a sí mismo en términos de bendición y alabanza. Muy claramente, el coro lo declara como el bendito que está por encima de todos los demás y el objeto de alabanza. La palabra griega *eulogia* tiene en su raíz la idea de «bueno» (*eu*) y «habla» (*logia*), y esto forma alabanza, el hablar buenas palabras con respecto a Dios y sus hechos.

Este atributo habría sido muy tranquilizador para la iglesia en Asia Menor. La cual se preguntaba si la promesa de la victoria podría cumplirse realmente en medio de sus circunstancias. Sin embargo, la naturaleza bendita y exaltada de Dios les recuerda que nunca habrá, nunca podrá haber, un momento en que aquellos que entienden la verdadera naturaleza de las cosas tendrán cualquier cosa menos que las mejores y sublimes alabanzas que decir acerca de nuestro Dios. Este no podría ser el caso si fuera un Dios que no cumple sus promesas. Un Dios que no cumple sus promesas merecería la burla y el desdén, no la bendición ni la alabanza.

LA GLORIA

El canto también imputa gloria a Dios como una de sus características divinas. Esta palabra «gloria» (*doxa*) tiene un significado tan valioso y multifacético que solo con gran dificultad podemos traducirla al español. Se trata de la presencia manifiesta de Dios que trae consigo un peso palpable y un esplendor que desafía la descripción, la categorización y las palabras humanas. Y sin duda este sentido se aplica hasta cierto punto, ya que toda esta escena de adoración tiene lugar en la presencia manifiesta del Dios vivo. Además, «gloria» a menudo tiene un significado asociado con el mundo venidero después de este presente. Por lo tanto, de una manera abreviada, la «gloria» evoca el mundo que todos los cristianos anhelan ver, un mundo que se hará visible cuando la historia alcance su meta ante el *glorioso* trono de Dios en ese día. La sombra de otro mundo es casi palpable en el ambiente de «gloria», pero hay algo más concreto que no debemos ignorar.

La gloria también se puede traducir como «honor» o «reputación», y en el mundo grecorromano del primer siglo de Asia Menor, este uso aparece a menudo en referencia a las relaciones amo/cliente. El típico amo del primer siglo estaba muy interesado en alcanzar una buena reputación cultivando las artes y otras actividades honorables a través de su apoyo a los clientes. Por cierto, los amos a menudo encargaban composiciones musicales no muy diferentes de los cantos de Apocalipsis. En gratitud por el apoyo de sus amos, los clientes estaban obligados a declarar públicamente y con frecuencia la grandeza, la bondad y la sabiduría de sus amos.

Los clientes daban testimonios como testigos del carácter si sus amos enfrentaban alguna dificultad legal, y no podían testificar contra sus amos en casos judiciales. A lo largo del Nuevo Testamento, uno encuentra mucho apoyo para la idea de que Dios actúa como un amo que se interesa por las necesidades de sus clientes (su pueblo, la Iglesia), pero a diferencia de los amos mundanos, el cuidado de Dios por ellos no viene con motivos ocultos. Él no necesita sus alabanzas para mejorar su reputación, estatus u honor. Esas cosas pertenecen a Dios como elementos componentes de su propio ser. En cambio, Dios realmente tiene nuestros mejores intereses en el corazón cuando nos provee todo lo que necesitamos. En respuesta amorosa y dichosa, sin pensar en la obligación o el temor de perder bendiciones futuras, este Canto humilde de alabanza expresa la lealtad absoluta de toda la creación a Dios por ser su amo y proveedor.

Aquí el Canto humilde de alabanza declara la excelente reputación de nuestro Dios proveedor. Él es verdaderamente glorioso, más allá de los estallidos de truenos, tronos revestidos de esmeralda, rodeado de arco iris radiante y mar de vidrio como cristal que a menudo se roban el espectáculo en Apocalipsis. Él provee gloriosamente para sus hijos, y no importa lo que ellos sufran, la promesa de victoria se basa en su buena reputación como el Padre y amo que nunca deja de dar a sus dependientes lo que necesitan. Por lo tanto, este canto de alabanza sonó algo así a sus primeros oyentes: «Iglesia en Asia Menor, en caso de que se lo pregunten, ¡sepan que la promesa de victoria de Dios no puede fallar, porque Él ha puesto su reputación en ella!»

LA SABIDURÍA

Naturalmente, aquellos cristianos que dudan de Asia Menor se habrían preguntado si Dios podría saber lo suficiente como para dirigir la historia a esta culminación. ¿Es Dios realmente lo suficientemente inteligente para lograr la victoria prometida? Esta duda se encuentra con la respuesta: «¡La sabiduría sea a nuestro Dios!» En el Antiguo Testamento, la sabiduría generalmente se refiere a la capacidad de hacer algo; habla de capacidad. En el mundo griego, se pensaba que solo los dioses tenían verdadera sabiduría, en el sentido de conocer de manera completa y con absoluta precisión la naturaleza de las cosas.

La revelación tiende a ser una curiosa fusión de patrones de pensamiento grecorromano y judío, y Juan probablemente proyecta un concepto de sabiduría de margen bastante amplio aquí. Podemos tener la certeza de la victoria venidera porque nuestro Dios, Yahvé, conoce el principio, el fin y todo lo demás. Posee una comprensión absolutamente perfecta de la naturaleza y la esencia de las cosas. Más que simplemente saber *cómo* son las cosas, Él sabe cómo hacer que sus propios planes y anhelos tomen forma. Él tiene la capacidad que proviene de comprender perfectamente y completamente la naturaleza del universo. En otras palabras, la promesa de victoria tiene su base en la omnisciencia de Dios.

LA ACCIÓN DE GRACIAS

A medida que el canto progresa de un rasgo de carácter a otro, llegamos a «gracias» o «acción de gracias». Este parece un poco inusual. La sabiduría, la gloria y la bendición se ajustan al molde de nuestras expectativas. Por lo general, pensamos en Dios en estos términos de exaltación, pero «¿gracias?» ¿Significa esto que Dios tiene la gratitud como uno de sus rasgos de carácter? ¿Por qué podría estar Dios agradecido, y a quién podría Él agradecer además de a sí mismo? Probablemente esa no es la respuesta correcta aquí. Más bien, parte de la naturaleza de Dios consiste en su Ser, alguien a quien se debe agradecer. De todos los atributos infinitos que uno podría atribuir a Dios, este, a pesar de ser inusual, realmente se ajusta perfectamente al propósito de este canto.

Déjeme decirlo de esta manera. ¿Solemos agradecer a las personas que hacen promesas que no cumplen? ¿O sentimos un profundo sentido de gratitud cuando las personas nos ofrecen regalos que no necesitamos? No sé de usted, pero cuando las personas me prometen cosas y luego no cumplen, generalmente no envío notas de agradecimiento. Dios enfáticamente no es así. Él no hace promesas que no cumple, y nunca da regalos no deseados. Este canto de alabanza revela que Dios es, en la esencia misma de su ser, un Dios a quien se debe dar gracias. Cuando Él hace una promesa, no puede dejar de cumplirla. La promesa de la victoria depende de la certeza de que algún día daremos gracias a Dios por la victoria porque, debido a su carácter y naturaleza, Él no dejará de cumplir lo que ha prometido. Una vez más, el carácter de Dios garantiza el futuro.

LA HONRA

Al igual que la acción de gracias, la «honra» habla de un Dios cuyo carácter respalda sus promesas. Por lo general, no consideramos honorables a las personas que hacen promesas que no cumplen. Por el contrario, solemos llamarlos sinvergüenzas. La naturaleza humana desprecia la hipocresía de las personas que dicen una cosa y hacen otra. Este Humilde canto de alabanza declara enfáticamente que nuestro Dios no es así. Cuando Dios habla, Él obra acorde a lo dicho. Toda la Escritura revela un Dios honorable que guarda celosamente su reputación. Dios decidió no destruir a Israel en el Monte Sinaí debido a su honor (Éxodo 32:12).

En la cultura mediterránea, casi ninguna fuerza tenía el mismo poder para influir en el pensamiento y comportamiento de las personas como lo hacían la vergüenza y el honor. Las naciones fueron a la guerra para proteger su honor y eliminar la vergüenza. Los matrimonios, los contratos y todas las decisiones más importantes de la vida tenían que tener necesariamente en cuenta la dinámica del honor y la vergüenza. Incluso si alguien avergonzaba accidentalmente a otro, el honor tenía que ser subsanado, y a menudo se perdían vidas en la defensa del honor. El honor de Dios nos revela que Él siempre y para siempre hará lo correcto por su pueblo. Él cumplirá sus promesas, pero más que simplemente cumplir las promesas, el carácter de Dios demuestra que la vergüenza del exilio, la ejecución y la pobreza no pueden perdurar. No pueden ser la última palabra para la Iglesia, porque el carácter de Dios no lo permitirá.

Hasta ahora, el Canto humilde de alabanza fundamenta la promesa de la victoria en la admirable integridad del carácter de Dios: Su lealtad hasta ahora trasciende la experiencia humana y desafía la comparación. ¿La pregunta inquietante? ¿Acaso la disposición y la intención superiores equivalen a la capacidad? Claro, Dios quiere cumplir sus promesas, pero ¿puede realmente hacerlo? Recuerde, Roma era bastante impresionante: una ciudad de un millón de personas, un imperio que cubría todo el mundo conocido, un ejército que nadie podía resistir y un gobernante que afirmaba ser un dios.

EL PODER Y LA FUERZA

En su culminación, el canto declara el «poder» y la «fuerza» del Dios creador. En el Nuevo Testamento, el «poder» (*dunamis*) habla de la sanidad divina y la obra de milagros (Lucas 1:35, 5:17, 6:19). También describe el poder salvador de Dios (Hechos 1:8 Romanos

1:16; 1 Corintios 1:18) y su poder creativo manifiesto en todo el mundo (Romanos 1:20). «Fuerza» (*ischun*) probablemente llama la atención sobre la autoridad soberana de Dios: Su derecho y prerrogativa de tratar a absolutamente todos como subordinados, pero la atención principal recae en su capacidad.

Cantar de la fuerza de Dios es confesar y proclamar que Él, por su propia naturaleza, tiene la capacidad de hacer todo lo que prometió hacer. En otras palabras, habla de su omnipotencia. ¿Puede Dios realmente cumplir la promesa de la victoria? ¡Claro que sí! Él tiene toda la capacidad, la autoridad y el poder de hacer maravillas para cumplir lo que promete y materializarlo ante nuestros ojos, desafiando la física, la probabilidad, la expectativa y cualquier otra cosa que parezca cuestionar su Palabra.

Cuando todo el cielo se da cuenta de que la promesa de la victoria final encuentra su raíz y su fundamento en el carácter mismo del Dios a quien servimos, su única respuesta puede ser postrarse sobre sus rostros y entonar un Canto humilde de alabanza en la que las características divinas reciban la adoración que Él merece. Lo mejor de todo es que el canto termina con la declaración, «¡por los siglos de los siglos! ¡Es verdad!» Las promesas de Dios no vienen con una fecha de vencimiento o un estatuto de limitaciones. Independientemente de cuántos siglos pasen entre la revelación de la victoria y la posesión de la Iglesia de ella, la promesa no puede fallar. Tiene una vida útil ilimitada porque encuentra su raíz y fundamento en la naturaleza y el carácter mismos del Dios inmutable que mantiene unido al universo.

Las promesas de Dios no vienen con una fecha de vencimiento o un estatuto de limitaciones.

Para que la Iglesia sopese si arriesgar su dinero, su hogar y su vida por el bien de la misión, el Canto humilde de alabanza trae a casa la naturaleza concreta de la promesa. Por cierto, a la luz de los graves peligros asociados con ella, la misión solo tiene sentido en cualquier grado en que la victoria pueda ser segura. Ahora ninguna duda queda. Dios garantiza la victoria asociando su reputación a ella.

La misión conlleva la amenaza de un sufrimiento temporal severo, pero en términos de resultado final, Dios ha manipulado el juego, y las probabilidades son ciento por ciento a favor de la victoria absoluta. Sin embargo, como toda la carta de Apocalipsis recuerda a sus lectores una y otra vez, aquellos que se comprometen con el mundo, que abandonan la misión por el bien de la prosperidad, la comodidad y la seguridad en este mundo, se descalifican a sí mismos para participar en la victoria venidera.

ALABANZA: EL LEITMOTIV EN NUESTRA VIDA

YA HEMOS CONSIDERADO cómo Dios propone que nosotros, como creyentes, hagamos un canto valiente de victoria el tema principal de nuestra vida. Hemos analizado el poder de este canto para ayudarnos a dar sentido a nuestra propia existencia, anticipar los giros en nuestras propias historias y enmarcar esas historias en el contexto del gran drama del universo que desarrolla conforme al plan de Dios. Permitir que un canto valiente de victoria estructure la historia de nuestra vida nos da los recursos espirituales para tomar decisiones prácticas basadas en la promesa del futuro en lugar de los temores del presente. Es el medio por el cual concebimos las convicciones cristianas sobre el reino de Dios.

Pero vivir conforme a la base de este canto requiere fe. La victoria está en el futuro. El costo de las misiones en el presente puede ser muy alto. Actuar conforme a lo que sabemos que es verdad sin verlo realmente físicamente coincide con precisión con la definición de fe, o más exactamente, fidelidad, provista por el autor del libro de Hebreos: «La fidelidad es la experiencia concreta de las cosas que esperamos. La fidelidad es acción que hace visible lo que de otra manera no se podría ver» (Heb. 11:1, paráfrasis del autor). Sin embargo, mientras vivimos el presente según las reglas del futuro, a medida que un canto valiente de victoria nos llama a la fidelidad, de vez en cuando, la duda entrará en nuestra mente. Por lo tanto, se requiere otro tema musical. Esto, por supuesto, no es otro que el Canto humilde de alabanza. En términos musicales, el canto de alabanza actúa como un leitmotiv. El diccionario Merriam-Webster ofrece esta explicación del *leitmotiv*:

> En la ópera, un leitmotiv es una melodía recurrente que acompaña a la reaparición de una idea, persona o situación. El término se aplica ahora en otros tipos de música, a veces con un significado muy cercano al original: «La Marcha Imperial» que se escucha en la película *La guerra de las galaxias* cada vez que Darth Vader aparece en pantalla, por ejemplo, es una representación moderna de leitmotiv.[10]

¡*La guerra de las galaxias* ha vuelto a la escena! Sin embargo, esta vez, la culpa es del diccionario Merriam-Webster y no mía. El punto es la alabanza de Dios y sus atributos es el tema recurrente que suena a través de nuestra vida a medida que nos movemos al ritmo del canto de victoria. El canto de alabanza debe hacer esto, porque a medida que dejemos de lado todo reclamo de nuestro dinero, nuestra vida y nuestro hogar para cumplir con la misión que Dios nos ha dado para ser sus colaboradores en llevar la salvación al mundo, la duda y el miedo volverán a nosotros una y otra vez. Sin embargo, cada vez que vuelven, el leitmotiv de la alabanza interviene para ayudarnos a vencerlos al unir nuestra confianza de la victoria futura a los atributos de Dios: Su carácter.

---

10 Merriam-Webster, s.v. «leitmotiv», consultado el 10 de septiembre de 2020, https://www.merriam-webster.com/dictionary/leitmotif.

Las iglesias en Asia Menor a quienes Juan dirigió el Apocalipsis necesitaban el canto de alabanza. Muchos de ellos estaban perdiendo de vista el futuro a través de la duda, y necesitaban urgentemente recordar que la victoria futura no es simplemente un deseo efímero. La victoria futura tiene sustancia real porque Dios ha asociado su reputación y la ha garantizado por su carácter.

Mientras escribo esto, nuestro mundo está en medio de la pandemia de Coronavirus del 2020, y tal vez usted tenga muchas razones para dudar del futuro. Tal vez usted haya visto morir a sus seres queridos. Tal vez los efectos económicos del virus han interrumpido o destruido sus planes y sueños para el futuro. Tal vez Dios le ha dado a usted un llamado particular y hecho promesas que ahora parecen más allá de toda posibilidad de cumplimiento. Los trastornos globales como el que estamos viviendo, y quizás los peores por venir, naturalmente traen consigo dudas sobre el futuro. En verdad, lo admitamos o no, momentos como estos a menudo nos hacen dudar de Dios. Por cierto, frente a tales crisis, inevitablemente surgen dudas sobre las promesas de Dios, dudas sobre su sabiduría y, especialmente, dudas sobre su poder para causar la victoria final.

En la Iglesia, a menudo tenemos miedo de la duda. Después de todo, ¿no se supone que debemos ser personas de fe y no de duda? ¡Sí! Pero, hay que entender que la fe requiere la posibilidad de duda. En ausencia de razones realmente buenas para dudar, no *necesitamos* fe. En otras palabras, la fe y la duda no son polos opuestos. Más bien, la duda constituye la condición previa necesaria para la fe. Es sólo en una atmósfera llena de dudas donde la fe puede realmente prosperar y crecer. Tomemos como ejemplo a Abraham, cuando Dios le prometió que tendría un hijo con Sara, él dudó. Se rió y preguntó a Dios si un hombre de 100 años realmente podría tener un hijo con una mujer de 90 años. Luego hizo una sugerencia a Dios. ¿Por qué no simplemente bendecir a Ismael (Génesis 17:17-18)?

Tenga en cuenta que los cuerpos de Abraham y Sara estaban desgastados e incapaces de producir descendencia. Ellos no negaron la verdad de esto por un momento. En cambio, ellos eligieron actuar sobre la base del futuro que Dios prometió. Dios prometió construir una nación a partir de la descendencia de dos ancianos que estaban ya casi muertos (Heb. 11:12). A pesar de que él tenía todas las razones para dudar, y a pesar de que en realidad dudaba, Abraham avanzó por el camino de la obediencia. ¡Esto es fe! La fe es actuar en base al futuro a la vez que parece que no hay futuro. ¿Por qué Abraham seguía obedeciendo a pesar de sus dudas? Para responder a esta pregunta, tenemos que examinar el pacto que Dios hizo con él.

La fe es actuar en base al futuro a la vez que parece que no hay futuro.

> El Señor también le dijo: «Yo soy el Señor. Yo te saqué de Ur de los caldeos, para darte esta tierra como herencia.» Y Abrán respondió: «Señor, mi Señor, ¿y cómo sabré que la he de heredar?» El Señor le dijo: «Tráeme una becerra, una cabra y un carnero, todos de tres años. Tráeme también una tórtola y un palomino.» Abrán tomó todos estos animales, y los partió por la mitad, y puso las mitades una frente a la otra; pero no partió las aves. Bajaban las aves de rapiña sobre los cuerpos muertos, y Abrán las ahuyentaba....
>
> **Y sucedió que, cuando el sol se puso y ya todo estaba oscuro, podía verse un horno humeante y una antorcha de fuego, la cual pasaba entre los animales divididos** [Génesis 15: 7-11, 17, RVC, énfasis agregado].

En el apogeo de la duda, cuando Abraham no podía percibir cómo la promesa de Dios de tener descendientes o una tierra podría realizarse, Génesis 15 refuerza la seguridad del futuro basada en el carácter de Dios.

En la culminación de la escena que se desarrolla en Génesis 15, la presencia manifiesta de Dios, en forma de fuego, pasa entre los animales que habían sido divididos. Por lo general, esta ceremonia sellaba un acuerdo entre dos partes. Cada parte pasaba entre los cuerpos de los animales partidos y, por lo tanto, cimentaba un juramento solemne. Sin embargo, en este caso, sólo Dios pasa entre los animales. Esto muestra que las promesas que Dios ha hecho dependen completamente de su propio carácter, sin referencia a factores externos como la biología, la política o la debilidad humana.

Los animales también tienen gran importancia. Han sido sacrificados y cortados por la mitad para invocar una especie de maldición. El que hace un juramento pasando a través de los pedazos de carne muerta dice, en efecto: «Si quebranto mi promesa, que pueda ser sacrificado y cortado como estos animales». En otras palabras, el autor del juramento apuesta su reputación, carácter e incluso su vida en su promesa. Ante las abrumadoras dudas de Abraham sobre el futuro, Dios revela su carácter. Yahvé mismo muestra al patriarca que el futuro prometido está garantizado porque se basa en los propios rasgos del carácter de Dios, los mismos rasgos de carácter celebrados en el Canto humilde de alabanza, a saber, bendición, sabiduría, honra, acción de gracias y poder.

En las misiones, las razones para dudar abundan en tiempos como el que ahora vivimos. Si no me creen, solo consideren la última pandemia mundial. En 1918-1920, la mortal pandemia de gripe española devastó el mundo. Mató al menos a 50 millones de personas. Durante esos años llenos de peligro, cuarentena y dificultades económicas, las Asambleas de Dios no retrocedieron ni un ápice en su celo por la evangelización de los pueblos nunca antes alcanzados de Asia Pacífico y el mundo. En particular, déjeme presentarles a algunos misioneros que sirvieron en Fiji durante días difíciles no muy diferentes de los que enfrentamos en el 2020. Conozca a Albert y Lou Page.

La pareja Pages fue llena del Espíritu Santo en 1911 y ellos fueron los primeros misioneros de las Asambleas de Dios en Fiji.[11] Al principio, sus condiciones de vida eran muy difíciles. En una carta publicada en la revista *Evangelio Cristiano*, Albert describe las dificultades de su familia en detalles.

> Nuestra vida era sumamente pobre, a veces nuestro presupuesto se reducía a un dólar por semana ($ 25.90 en 2020). Las pruebas eran muchas y a veces no podíamos aparecer en público debido a nuestra vestimenta escasa y desgastada. Nuestras viviendas del pasado eran casas de paja y, a menudo, la lluvia se derramaba sobre nosotros en la cama.[12]

En otras cartas, Albert describe caminar a través del bosque durante días bajo la lluvia torrencial y estar empapado todo el tiempo para llevar el evangelio a los nunca antes alcanzados. A pesar de todo lo que él y su familia soportaron, los fiyianos tardaron mucho en aceptar la fe. Muchas veces, en la desesperación y sin ninguna otra opción, los padres traían a los niños enfermos y familiares a los Pages para que oraran por ellos. Dios respondió a sus oraciones con sanidad, pero los Pages lamentaron que, a pesar de los milagros, los fiyianos a menudo no se volvían a Dios.[13]

Eventualmente, los Pages tuvieron un gran éxito en sus esfuerzos de evangelización, pero también llegaron a darse cuenta de la realidad espiritual más profunda detrás de sus sufrimientos y dificultades. Albert explica la lección que aprendieron:

---

11 Norman S. Farrington, «Eight Generations Baptized in the Sprit,» in Assemblies of God Heritage (2001), vol. 21, no. 2, 27; Rosemarie Daher Kowalski, «What Made Them Think They Could?: Ten Early Assemblies of God Female Missionaries,» in Assemblies of God Heritage (2014), vol. 34, 71.

12 «Bro. and Sister Page» in The Christian Evangel, April 6 (1918), 11.

13 «Bro. Albert T. Page» in The Christian Evangel, May 4 (1918), 11.

> Sufrimos muchas dificultades y nos enfrentamos cara a cara a la muerte muchas veces viajando por lugares remotos. Decenas de almas aceptaron al Señor, pero aun así eramos novatos. Podíamos hablar al pueblo de Jesús y de su sangre, pero no éramos rivales para la guerra que Satanás lanzó contra nosotros.[14]

Al decir esto, Albert no sugiere de ninguna manera que Satanás sea más fuerte que Dios o que pueda detener la misión de la Iglesia para la evangelización del mundo. Más bien, está evocando y considerando todas las pruebas y dificultades que han sufrido y puede detectar cómo, a través de ellas, Dios lo había capacitado a él y a su esposa para luchar contra los planes de Satanás y hacer la obra de evangelización.

Cualquiera que lea los informes de los Pages puede sentir la pasión de ellos. Ellos habían dejado a un lado su dinero y su cómodo hogar para vivir en una cabaña de paja con sus cuatro hijos tan solo con un dólar por semana. En sus informes, entre las pruebas, se deja entrever el resplandor de la obediencia fructífera y gozosa. No puedo pensar en un ejemplo más claro de una familia cuya historia de vida había sido marcada para entonar un canto valiente de victoria. No obstante, no todo fue victoria para ellos.

A medida que el ministerio de los Pages entraba en su mayor período de eficacia y fecundidad, Albert viajó extensamente, predicando y trabajando diligentemente para preparar a los fiyianos nativos para ministrar. Durante este mismo tiempo, la gripe estalló en Suva, la capital de Fiji. Albert no pensó en el virus en términos de peligro, sino en términos de oportunidad para ministrar. Aprovechando la oportunidad que le brindó el flagelo de la pandemia, «fue a uno de los hospitales temporales a trabajar durante la noche para ayudar a los que sufren».[15]

---

14 «Bro. Albert T. Page» en El Evangelio Cristiano, julio 27 (1918), 10.

15 La hermana Lou Page de Nadroga, Fiji», en El Evangelio Cristiano», marzo 8 (1919), 10.

Habiendo renunciado ya al dinero y al hogar por el bien de la misión, este último paso de obediencia le costaría la vida a Albert. Mientras ministraba a los enfermos con gripe, Albert pronto se enfermó, y el 9 de diciembre de 1918, tomó su lugar entre la multitud de adoradores que rodeaban el trono de Dios.

La siguiente comunicación de Lou Page a los lectores del *Evangelio Cristiano* comenzó con estas desgarradoras palabras: «Supongo que ha recibido un cable anunciando la muerte de mi esposo, Albert T. Page».[16] Si alguna vez hubo un momento para dudar, este ha llegado. Después de la muerte de Albert, Lou Page se sintió abrumada. Ella dudaba seriamente si podía continuar cuidando a cuatro hijos y hacer todo el trabajo misionero que ella y su esposo habían comenzado juntos. Ella escribió a sus colaboradores: «Por favor, oren por mí. Me he quedado sola con cuatro niños pequeños. El conflicto ha sido grande, pero hasta ahora tengo la victoria a través de la Sangre. Tengo la intención de quedarme aquí hasta que esté segura de la guía del Señor, y mientras tanto haré todo lo que pueda por la difusión del evangelio».[17]

El siguiente informe de Fiji, escrito no por la hermana Page sino por Sarah Dowie, decía:

> Recibí su carta hoy, sólo seis días después de que la querida hermana Page durmiera en la presencia de Jesús. Ella tenía gripe. Tan pronto como el hermano Page murió, ella me pidió ir y quedarme con ella, pero no pude ir en ese momento. Pero la hermana Page envió por mí de nuevo, así que estuve con ella, la sostuve en mis brazos y la consolé, y más tarde cerré sus ojos y la preparé para el entierro, ya que aquí no hay enterrador.[18]

16 «Nadroga» En El Evangelio Cristiano», febrero 22 (1919), 10.

17 Ibid., 10.

18 «La hermana Lou Page durmió en Cristo», en El Evangelio Cristiano, mayo 3 (1919), 10.

Es un canto valiente de victoria, con su promesa de triunfo y el fruto de las almas, lo que inspira el valor misionero para dejar el dinero y el hogar, e incluso para renunciar a la vida misma, por causa de Cristo. Cuando la duda nos asalta, como lo hará, ¿qué puede mantenernos avanzando por el difícil camino de la obediencia? ¿Qué mantiene a una familia de seis personas durmiendo bajo un techo de paja con goteras? ¿Qué mantiene a un misionero predicando cuando nadie cree? ¿Qué lo mantiene en el campo cuando no puede pagar ni la ropa que viste? ¿Qué lo mantiene sirviendo a los afligidos cuando sabe que el servicio es una sentencia de muerte? La visión de la victoria futura impulsa a aquellos que aceptarían la vida misional y arriesgarlo todo, pero ¿qué nos mantiene firme cuando todo lo que podemos ver es la derrota?

En el mismo volumen de 1919 del *Evangelio Cristiano* en el que había aparecido el aviso de la muerte de Lou Page, otra semilla potencial de duda levantó su fea cabeza. En otras partes de Asia Pacífico, los misioneros en mi propia tierra de llamamiento, Japón, también enfrentaron las dudas y el sufrimiento de esos años de pandemia. Marie Juergensen, que amaba y enseñaba a muchos niños en Tokio, relató esta historia sobre una niña de su escuela dominical.

> Una de mis queridas niñas de la Escuela Dominical que sé que amaba a Jesús y nunca dejó de venir a la Escuela Dominical, ya sea que lloviera o nevara, murió de influenza el otro día. Recuerdo muy bien su rostro brillante cuando me contó cómo oraba a Jesús. Me regocijo en el bendito privilegio de guiar a estos pequeños corderos a Jesús. ¡Oh, cómo los amo a todos y amo las dulces reuniones que tenemos juntos! Me alegra mucho cuando pienso que esta querida niña ha ido a estar con Jesús, porque ella aprendió a orar y amar a Jesús en nuestra pequeña Escuela Dominical. Recuerdo algunos domingos antes de que ella se enfermara, preguntando a

> los niños: «¿Quién es Jesús?» Un niño dijo: «Maestra, Él es el que viste la ropa blanca». (Muchas veces en las imágenes de Jesús él está vestido de blanco.) Entonces otro dijo: «Él es el que sana a los enfermos». Entonces vi a esta niña levantar la mano, (la única que tenía la mano levantada en toda la sala), y ella respondió: «Él es el Dios verdadero del cielo».[19]

¿No podría el Dios verdadero del cielo haber protegido a esta niña? Aunque la hermana Juergensen no hizo esta pregunta, usted puede estar seguro que llegó a su corazón en algún momento. Cada vez y en todas partes que los seguidores de Jesús eligen apostar todo al futuro, las dudas del presente amenazan con eclipsar nuestra visión de lo que está por venir. En los días de Juan, el poder y la furia de la Roma imperial cegaron la visión de la Iglesia del futuro, dejándola tropezando en la oscuridad de la duda. Hace cien años, la guerra, el hambre, la catástrofe económica y la pandemia mundial tapaban el futuro. ¿Es Dios realmente lo suficientemente fuerte? ¿Es Dios realmente lo suficientemente inteligente? ¿Cumple realmente Dios sus promesas? Ante tales dudas, ¿cómo se mantuvieron fieles Marie Juergensen y los Pages?

Para llegar realmente al meollo de esta cuestión, necesitamos escuchar a un misionero en la India, donde la gripe española golpeó con la mayor ferocidad. Entre 1913 y 1918, el costo de los bienes en la India se duplicó, imponiendo grandes dificultades a la gente común. Luego, una pérdida de cosechas en 1918 condujo a una hambruna severa. Quedando físicamente débil y vulnerable por estas dificultades, cuando llegó la pandemia de gripe, el pueblo de la India no tenía fuerzas para combatir el virus, y entre 14 y 17 millones murieron. Entre ellos había varios misioneros de las Asambleas de Dios. Aquellos misioneros que sobrevivieron trabajaron casi hasta la muerte cuidando a las multitudes enfermas y hambrientas. Vivir diariamente con sufrimiento a tal escala

19 «Tokio», en El Evangelio Cristiano, mayo 3 (1919), 10.

era de hecho una pesada carga de llevar. En tales circunstancias, cualquiera podría dudar fácilmente o perder de vista el futuro. Sin embargo, encontramos el secreto de la supervivencia y la fidelidad continua en las palabras de un misionero anónimo:

> Una vez, cuando la agonía era tan grande que parecía que moriría, el Señor me dijo: «Sonríe». Apenas podía creer que fuera su voz, pero Él muy tiernamente continuó mostrándome que debía regocijarme y estar sumamente contento por el maravilloso privilegio de participar de sus sufrimientos. Sonreí y creo que eso me salvó de una crisis nerviosa completa. Después, cuando la agonía se volvió muy grande para soportar, simplemente levanté mi rostro hacia el Cielo y sonreí. Esto puede sonar absurdo para usted, pero es un hecho.[20]

En la respuesta de este misionero, uno puede escuchar un corazón que alaba agradecido a Dios que conduce al gozo en medio de lo insoportable. Por cierto, los indicios de esta actitud se notan a través de los informes de los Pages, en las que ellos expresan regularmente su agradecimiento por el favor de Dios y su provisión, su carácter cumplidor de promesas. Se puede escuchar lo mismo del corazón que alaba por el gozo de Marie Jurgensen por la oportunidad de llevar a los pequeños a Cristo a pesar del hecho de que perdió a una niña por la gripe.

La obediencia al llamado de Dios a la vida misional traerá consigo momentos de duda, momentos en que nuestras dificultades y sufrimientos presentes nos hacen perder de vista el triunfo futuro revelado en un canto valiente de victoria. Para esos momentos, Dios nos

20 «En medio de la peste y el hambre de la India», en El Evangelio Cristiano, 22 de febrero (1919), 10.

ha dado el Canto humilde de alabanza. Dios ha diseñado la alabanza para ser el leitmotiv o tema central de nuestra vida. Cada vez que las sombras de dudas y temor ocultan el futuro, la alabanza nos recuerda que el carácter de Dios garantiza el futuro. En consecuencia, cuanto más cerca caminamos con Él, más conocemos de su Palabra, más nos familiarizamos con Él y sus caminos, más rápido el Canto humilde de alabanza brota de nuestros labios en esos momentos oscuros de temor y duda.

Quizás el COVID-19, la pandemia del 2020, ha sido o es uno de esos momentos de duda para usted. Quizás lee esto desde el otro lado de la sombra de la pandemia pero bajo otro manto negro que esconde el futuro. En medio de la duda y el miedo, usted, como los cristianos del primer siglo de Asia Menor, puede sentir que la vida misional cuesta tanto en este momento porque no puede ver claramente el futuro que hace que todo valga la pena. Le pido que haga una pausa por un momento y considere el carácter de Dios. Considere el hecho de que Dios vincula su reputación con el futuro, garantizándolo con todo lo que Él es. Mientras considera esto... ¿por qué no entonar este breve canto? Por cierto, cántelo tantas veces como sea necesario.

> *¡Es verdad!*
>
> *La bendición y la gloria y la sabiduría y la acción de gracias y la honra y el poder y la fuerza, sean a nuestro Dios por los siglos de los siglos.*
>
> *¡Es verdad!*

LECTURA REITERADA DE APOCALIPSIS Y RECONSIDERACIÓN DE LA MISIÓN

HASTA AHORA en nuestro tiempo compartido, hemos visto que Apocalipsis se dirige a una iglesia en medio de una crisis en la misión y con cada palabra, su mensaje llama a la Iglesia a arriesgarlo todo por el bien de los nunca antes alcanzados. Apocalipsis es práctico, no teórico. La visión del futuro cambia nuestra vida como cristianos en el presente. Cuando la misión cuesta nuestro dinero, nuestro hogar y nuestra vida, el futuro nos exclama: «¡Vale la pena pagar el precio!» A medida que el mensaje de Apocalipsis cala profundamente en nuestra alma, comenzamos a actuar sobre la promesa del futuro en lugar de los temores del presente.

Hasta ahora, hemos desarrollado cuatro versículos que contienen dos cantos que ponen el mensaje de Apocalipsis en la perspectiva adecuada. Como hemos visto en repetidas ocasiones, estos cantos se dirigen a las iglesias de Asia Menor en medio de una crisis en la misión. Un canto valiente de victoria imparte una visión del futuro a fin de inspirar a cada cristiano del primer siglo a contar su dinero, su hogar y su vida como valores prescindibles en la tarea de las misiones.

Apocalipsis también reconoce que «todos los comprometidos plenamente» con las misiones tendrán momentos de confusión y duda. Por lo tanto, el Canto humilde de alabanza es el leitmotiv o tema central que repetidamente le recuerda a cada persona misionera que el carácter de Dios garantiza el futuro. Sin embargo, ¿qué significa realmente vivir en el 2020 y más allá con estos cantos como el tema central de nuestra vida? En otras palabras, ¿cómo aplicamos realmente Apocalipsis a nuestra vida como cristianos modernos?

Es precisamente aquí, donde enfrentamos la realidad, que muchas lecturas del Apocalipsis no tienen sentido. Entonces, Rusia es el oso al norte, y hay una computadora gigante llamada «la Bestia» en Europa que recopila clandestinamente e insidiosamente información sobre todos nosotros. (¡Tal vez deberíamos llamar a la Internet «engendro de la Bestia!») ¿Qué debemos hacer? Incluso si usted realmente creyó estas conjeturas, todas las cuales estaban en auge cuando yo era niño creciendo en la iglesia, probablemente usted no hizo nada al respecto.

La Guerra Fría creó miedo, y los cristianos recurrieron al libro de Apocalipsis en busca de respuestas, pero el impulso de ese tiempo, como ha sido a menudo el caso, fue que muchos lectores recurrieron a aplicaciones alegóricas de los símbolos extraños y antiguos de Apocalipsis a problemas y personajes modernos, ya sean helicópteros de ataque o el Papa. No gastaré esfuerzo en desacreditar tales teorías; el tiempo ya ha hecho ese trabajo. El tiempo hará su trabajo en muchas teorías actuales; las crisis y las bestias, con toda probabilidad, pasarán sin incidentes tal como lo hizo el año 2000.

Sin embargo, el peligro radica en el hecho de que la especulación domestica el mensaje de Apocalipsis; los detalles prevalecen sobre el mandato, y la profecía se convierte en un pasatiempo aislado del mundo real, sin ningún poder para desafiarnos, y mucho menos para cambiarnos. Con el énfasis en lo profético y el fin de los tiempos que encontramos captando la imaginación de la Iglesia durante la pandemia actual, debemos reconocer tanto el peligro como la oportunidad.

Un peligro radica en la repetición de la historia. Los que escriben columnas creativas y predicadores populares hacen predicciones diariamente, tratando de conectar la situación política actual, los problemas de salud, las decisiones legales y el clima religioso con los capítulos de Apocalipsis. Me niego a aceptar teorías específicas o a plantear los méritos históricos y exegéticos de las diversas propuestas aquí. Si aciertan sobre el tiempo del fin y las personas y los eventos incluidos, con mucho gusto me gozaré con ellos mientras nos reunimos alrededor del trono. Sin embargo, es posible decodificar perfectamente el Apocalipsis y aun así ignorar el punto. Ignoramos el punto cuando la Iglesia queda atrapada en el entusiasmo de la especulación, y al hacerlo, nunca se pregunta qué tipo de vida cristiana exige el fin del mundo.

Para que usted no piense que soy una especie de cobarde profético muy docto, déjame enfatizar que veo una gran oportunidad en el tiempo presente de interés profético. La Iglesia tiene muchas buenas razones para recurrir al Apocalipsis y pensar en el fin en este momento. Siempre que la Iglesia está en este estado de ánimo, el Apocalipsis puede hacer su obra de reformular nuestras cosmovisiones y nuestras prioridades conforme a lo que realmente importa. Por cierto, el mensaje misional de Apocalipsis tiene el potencial de animar y empoderar a la Iglesia. Tiene el potencial de ser el gran botón rojo de reinicio que replantea la realidad, para que sepamos cómo entender los tiempos en los que estamos viviendo. Más que eso, tiene el potencial de enseñarnos qué acciones concretas se ajustan a nuestros tiempos. En otras palabras, momentos como el presente son grandes oportunidades para que los cantos de Apocalipsis vuelvan a convertirse en el tema central de nuestra vida, tal como siempre deben ser.

Me gustaría sugerir que la iglesia en Norteamérica y en todo el mundo se enfrenta a una crisis en la misión no muy diferente de la que enfrentó la iglesia del primer siglo en Asia Menor. Tal vez ningún funcionario del gobierno planea confiscar nuestra propiedad, enviar a los creyentes al exilio o asesinar a los fieles, al menos en el Occidente. Sin embargo, las fuerzas en nuestro mundo, como la cultura, presentan un desafío no menos peligroso que fuera una legión romana armada a la Iglesia primitiva. Las decisiones difíciles todavía tienen que ser tomadas por aquellos que serían seguidores de Cristo. Al observar la situación de las siete iglesias, vemos que cuando se enfrentan al costo de una vida verdaderamente misional, los cristianos responden de tres maneras básicas. O denunciamos, domesticamos o aceptamos la misión. Entonces, veamos cómo podría ser denunciar, domesticar y aceptar, tanto para los que van como para los que envían, desde una perspectiva estadounidense del 2020.

LOS QUE VAN

Solía ser solo un grupo especial, selecto y, en la mente de algunos, el grupo élite de personas que se conformaban a la descripción de «misionero». Personas que harían un compromiso, dejarían amigos, familiares y hogar, y pasarían la mayor parte de sus vidas trabajando en lugares lejanos. Sin embargo, los tiempos han cambiado. Los misioneros en la actualidad no viajan en barcas durante meses para llegar al campo. Por cierto, por un costo relativamente bajo, uno puede abordar un avión y estar en cualquier parte del planeta dentro de las veinticuatro horas. Muchas iglesias envían a sus miembros en viajes a corto plazo, y muchos misioneros de tiempo completo pasan un periodo de años en el extranjero, y luego regresan a casa. Las misiones, en el sentido tradicional de aquellos que cruzan una frontera cultural y geográfica para difundir el evangelio, se han expandido en nuestra era y más que nunca se han convertido en parte de la vida de más creyentes. Sin embargo, incluso en una iglesia llena de asistentes, el desafío de Apocalipsis nos pide que reflexionemos cuidadosamente sobre lo que significa ser una iglesia totalmente misional.

DENUNCIAR

Al igual que la iglesia del primer siglo a la que se escribió la carta de Apocalipsis, grandes fuerzas culturales y económicas en nuestro mundo amenazan con disminuir e incluso suprimir la urgencia de la misión en nuestros días. Culturalmente, vivimos en una era de relativismo. No quiero empezar a dar mi opinión sobre los peligros del posmodernismo; esto ha sido hecho con bastante frecuencia por autores que son más sagaces filosóficamente que yo. Obviamente, las afirmaciones de verdad exclusiva que ocupan una posición central en la creencia cristiana no pueden asimilar fácilmente las nociones posmodernas de tolerancia y relativismo. Aquí, estoy hablando ampliamente sobre la idea común de que nosotros, como cristianos, o cualquier otra persona, para el caso, solo podemos hablar de lo que es cierto para nosotros. Se nos dice que no podemos hablar de la Verdad con una *V* mayúscula, ya que ninguna verdad se aplica a todos. Algunos pueden creer que un movimiento misionero como las Asambleas de Dios es inmune a tal pensamiento. No creo que podamos estar muy seguros de eso.

Incluso las ramas firmemente evangélicas de la Iglesia mundial están comenzando a cosechar el fruto del tratado de las misiones del posmodernismo. No es que nuestros compañeros evangélicos realmente cuestionen el poder salvador de Jesús o la necesidad de creer en Él y vivir para Él. Más bien, los efectos surgen sutilmente y afectan en gran medida a las generaciones más jóvenes. No desconfiamos la verdad del evangelio, pero dudamos de nuestro derecho a imponer nuestra creencia a los demás. No importa cuán firmemente convencidos estemos de que Jesús es el camino *para nosotros*, nos resistimos ante la arrogancia de afirmar que Él es el camino *para los demás*. Esta línea de pensamiento amenaza la misión en su misma esencia y tiene el potencial de enfriar lentamente el celo misional incluso para personas como nosotros.

Ninguna conspiración o enseñanza abiertamente contraria a la misión tiene la culpa de la inminente edad de hielo misional. Para muchos, su desagrado con la misión agresiva nunca entra en la mente sensata. Es una línea de código latente e inadvertida programada en los recovecos de la mente como parte de nuestro sistema operativo cultural por innumerables programas de televisión, películas, maestros y conversaciones informales con amigos. Sin embargo, podría causar la caída del batón de la misión a medida que pasa de una generación a otra. Curiosamente, parte del peligro radica en la posibilidad de que cuando el batón caiga, nadie se dé cuenta.

Déjeme explicar a qué me refiero. Muy probablemente, el futuro de la iglesia evangélica en los Estados Unidos de Norteamérica y otros países occidentales no se verá muy diferente en términos de misión doméstica de lo que lo hace hoy. Muchos de los inconversos en estas partes del mundo no se convierten realmente de otra creencia al cristianismo. En cambio, sus vidas religiosas pasadas a menudo implican poco más que un vago sentido de espiritualidad, y la iglesia evangélica lo hace correctamente y (predigo) continuará haciendo mucho para atraerlos y evangelizarlos (aunque sus métodos sin duda cambiarán).

El peligro radica en aquellos que han estado felizmente comprometidos con las creencias tradicionales de sus antepasados generación tras generación. ¿Qué con respecto a los budistas, hindúes y musulmanes del mundo? ¿Continuará la Iglesia del futuro llamándolos perdidos? ¿Seguirá la Iglesia enviando obreros para convertirlos? Cada vez menos cristianos creen que la fe en Jesús es el ***único*** camino hacia la salvación. En casos extremos, ellos podrían decir: «Cristo es mi elección» o «Jesús es la mejor de las muchas opciones disponibles». Incluso un ligero cambio hacia el pluralismo destruirá el sentido global de la misión de la Iglesia. El abandono imprudente a la tarea de la evangelización del mundo no puede sobrevivir si tenemos ni siquiera una sombra de duda.

Al igual que con la iglesia en el Asia Menor del primer siglo, dicha presión cultural amenaza con hacernos abandonar la misión. Sin embargo, nuestra elección probablemente no será entre el cristianismo o la idolatría. Más bien, será una elección entre una fe tolerante, vacía y misionalmente anémica que tímidamente declara que Jesús es la respuesta *para mí* y la vibrante Iglesia con una misión que ha sido la vanguardia del avance del Reino en los siglos pasados. Si he estado leyendo Apocalipsis correctamente, la diferencia entre estos dos caminos no es poca cosa. Por cierto, desde la perspectiva del Apocalipsis, tomar el camino lejos del celo misional pone a uno en peligro de ser condenado eternamente. Soy consciente de que esto parece duro, pero el camino del compromiso que insensibilizaría y luego destruiría la fe se ve exactamente como este en Apocalipsis. La misión pasa a un segundo plano ante la seguridad y la aceptación cultural, y debido a que la misión se encuentra cerca del corazón de la fe cristiana, pronto nada va a quedar de lo que se identifica como claramente cristiano.

Los factores económicos de hoy poseen esencialmente la misma amenaza que tuvieron hace dos milenios. Vemos que para la iglesia que lee el Apocalipsis, la preocupación por las posesiones llevaba consigo el poder de matar la misión. A medida que la pandemia causa estragos en la economía mundial a una escala no vista desde la Gran Depresión, la amenaza económica para la misión parece más relevante que nunca. Durante las últimas décadas, nuestra forma occidental de hacer misiones ha sido completamente desconocida para la iglesia del primer siglo. Ha sido una misión de abundancia, en la que el envío de misioneros, en su mayor parte, no afectó directamente en el nivel de vida de uno. Los propios misioneros a menudo han sido enviados con apoyo para garantizar un estilo de vida de clase media baja y una jubilación adecuada.

Honestamente, como alguien que comenzó su carrera misionera en tal sistema, estoy agradecido de que las misiones solo hayan sido un sacrificio relativo para mi familia; pero a medida que los recursos se vuelven más escasos, tanto los que envían como los que van probablemente tendrían que enfrentar la misma elección que enfrentó la iglesia en Asia Menor. ¿Seguiremos siendo una Iglesia y un pueblo de misión cuando hacerlo represente vivir muy por debajo de nuestras posibilidades y por debajo de nuestra condición social deseada? A medida que la Iglesia lucha con estas preguntas, sería bueno considerar el mensaje de Apocalipsis y dónde terminan las cosas si solo mantenemos el rumbo cuando se trata de la misión. Ha llegado el momento de comportarnos como si este mundo realmente no tuviera nada para nosotros. Es hora de apostar todo al mundo venidero.

DOMESTICAR

¿Cómo se ve hoy cuando aquellos que van consciente o inconscientemente domestican la radical teología de la misión de Apocalipsis? Las iglesias que leyeron la carta de Apocalipsis tenían que estar dispuestas a perder sus hogares para seguir siendo iglesias con una misión. Obviamente, en el caso de estas iglesias, sin sufrir la pérdida del hogar, no habría habido un coro multiétnico alrededor del trono. Sin embargo, ¿qué pasa cuando los misioneros salen de casa sin irse *realmente*?

Uno puede ir a otro país sin abandonar nunca su hogar en el corazón. En tales casos, los valores culturales, las formas de adoración, los comportamientos financieros, los métodos de liderazgo y una serie de otras cosas se convierten en bagajes con el evangelio. El misionero de corazón apegado a su país predica un evangelio que transforma su entorno en una copia inevitablemente pobre de su país de origen. Como evidencia de esto, uno solo necesita ver de primera mano los muchos complejos de misiones en todo el mundo que funcionan como pequeñas ciudades estadounidenses en medio de entornos indudablemente no estadounidenses. O uno podría examinar los muchos edificios de la iglesia que se destacan como malos chistes arquitectónicos en medio de pagodas, chozas de paja, yurtas y rascacielos. Quizás lo más revelador es que he asistido a innumerables servicios religiosos asiáticos con música prestada de Occidente, donde solo las letras han sido traducidas. Nada distintivo resalta de un pueblo creado exclusivamente por Dios para adorarlo. Aunque aquellos que estudian misiones han escrito volúmenes sobre la necesidad de encarnar el Evangelio en las culturas del mundo, en la práctica no se nota porque a los misioneros les resulta sumamente difícil dejar atrás su hogar natal.

Lamentablemente, la marca de misiones Xerox produce una buena cantidad de historias de éxito. ¿Cómo podría fracasar cuando los pobres desean fervientemente ser como los ricos? Esto es acomodación, pero ¿qué pasaría si se permitiera que el evangelio puro corriera libremente a través de las campiñas de África, los arrozales de Asia y los campos de hielo de Siberia? La iglesia probablemente no sería cómoda para los occidentales. La diferencia entre las formas culturales y el verdadero cristianismo quedaría dolorosamente expuesta. Las iglesias hijas con teología diferente a las iglesias madre causarían algo de sufrimiento y mucha reflexión profunda entre los «padres» occidentales. La misión sería un asunto desordenado e incómodo. Sin embargo, el canto, entonado por las naciones alrededor del trono al final de los tiempos, nos recuerda a aquellos de nosotros, que vamos a cumplir la misión, que el dolor de perder por completo todas las cosas «en casa» por causa del evangelio no es más que un pequeño precio a pagar.

ACEPTAR

Aquellos que van y aceptan plenamente el llamado de clarín del Apocalipsis hacia una existencia misional serán radicales que valientemente dejan atrás oportunidades de seguridad financiera, abandonan la comodidad de sus hogares e incluso arriesgan sus vidas para que el mundo pueda conocer a Cristo. Una visión clara del fin no les permitirá ser tímidos o relativistas en la predicación del evangelio como el único camino hacia la vida eterna. Su lealtad será a otro mundo y a otro reino. No tendrán miedo de ser embajadores de un evangelio puro que inspira a cada cuerpo local de creyentes a expresarse de maneras nuevas y emocionantes que expanden constantemente las dimensiones de la adoración dirigida a nuestro Dios y Rey. Ellos habrán abandonado verdaderamente su hogar por el bien del evangelio. Algunos experimentarán abundancia, otros conocerán la carencia en sus campos de servicio, pero vivirán de manera generosa y satisfecha porque están arraigados en el futuro en lugar del presente. Estos son aquellos que miran más allá del mundo que es y ven el mundo venidero.

LOS QUE ENVÍAN

La mayoría de los cristianos nunca cruzarán las fronteras culturales y geográficas en la misión, o lo harán solo temporalmente. Sin embargo, todavía tienen un papel vital y de por vida que desempeñar en la misión como agentes de envío. Uno puede hablar fácilmente de ser radical y arriesgar la vida y la integridad física para llevar el evangelio a los rincones más lejanos del mundo, pero ¿qué significa ser un radical misional que nunca se aparta de la patria?

DENUNCIAR

Se necesita poca imaginación para visualizar lo que sucede cuando los que envían se rinden en la misión. Ellos no oran para que el Señor de la cosecha levante obreros para cosechar el campo. No capacitan a los jóvenes para cruzar océanos y predicar el evangelio, y ciertamente no hacen sacrificios financieros por el bien de ganar a los perdidos. En resumen, o bien ellos detienen o nunca comienzan la actividad de enviar obreros que harán el trabajo práctico de plantar y nutrir el evangelio en tierras extranjeras. ¿Parece esto absurdo, al menos para los evangélicos?

Yo sirvo en una comunidad fundada como una fuerza de envío misionero. De hecho, la historia de las Asambleas de Dios da testimonio de nuestro compromiso con este propósito. Aunque solo tenemos un siglo de historia de haber empezado, hemos crecido de la nada en 1914 a un movimiento global de casi 70 millones de personas en la actualidad. Sin embargo, al hacer un llamado a las iglesias en este «movimiento misionero» para que reserven servicios misioneros, ocasionalmente el pastor dirá: «No somos una iglesia misionera». No estoy quejándome. Las Asambleas de Dios son excelentes. Considero que es un privilegio ser parte de ella, y no siento nada más que gratitud por todas esas iglesias y personas que han apoyado a mi familia mientras hemos trabajado en las Filipinas y el Japón. No obstante, insisto en que no podemos ser despreocupados. No se puede dar por sentado que el corazón de nuestro movimiento siempre latirá por las misiones.

Creo que las iglesias y las personas ignoran el mandato bíblico de enviar misioneros por tres razones principales: finanzas, desconfianza en las instituciones misioneras y malinterpretaciones teológicas. Cuando se trata de finanzas, algunas iglesias creen que no pueden hacer una diferencia debido a su falta de recursos materiales. Sienten que el trabajo de enviar obreros debe dejarse a congregaciones más grandes y ricas. La reciente crisis económica mundial solo ha exacerbado esta situación, lo que ha llevado a otros a sentir que no les queda suficiente para contribuir a las misiones.

Curiosamente, estudios recientes han sugerido que cuanto más crece una iglesia, menos generosa se vuelve per cápita. Naturalmente, con campos extensos, docenas de pastores del personal y todos los elementos de la mega-iglesia, los gastos generales del ministerio aumentan dramáticamente. Esto nos lleva al otro lado de la cuestión financiera. La carencia no siempre explica la ausencia de celo misional. A veces, las iglesias ponen intencionalmente todo su capital en el ministerio doméstico para convertirse en la opción más atractiva para los consumidores cristianos indecisos y transitorios de Occidente. Por lo tanto, ambos, la falta como la abundancia pueden alejar de la misión a los potenciales agentes de envío.

Otro factor que no podemos darnos el lujo de pasar por alto es la gente que no confía en las instituciones de envío misionero. A veces, los costos administrativos, los altos salarios de los ejecutivos, la falta de transparencia financiera y / o la desconfianza general de los sistemas altamente burocráticos hacen que las personas piensen dos veces antes de participar en el envío de misioneros. Todas las organizaciones de misiones están llenas de personas y, por lo tanto, son imperfectas; pero no podemos desechar a todas las personas solo por causa de algunas. Sin embargo, podemos exigir transparencia, elegir agencias que entiendan sus fortalezas y debilidades, y trabajar por la eficiencia y la integridad desde adentro. Al final del día, no podríamos tratar con personas en absoluto si esperamos la perfección de cualquier organización humana, ya sean nuestros bancos, nuestros gobiernos o nuestras juntas de misiones.

Finalmente, algunos se abstienen de enviar misioneros debido a su teología. No voy a repetir lo que ya hemos explorado sobre el posmodernismo y el evangelio de Jesús como la respuesta *para mí*. Sin embargo, así como tal teología impide que los cristianos vayan como misioneros, también los hace sentir incómodos con la idea de enviar a otros a convertir a los budistas y musulmanes del mundo. Aquí también, la radical teología de misiones de apocalipsis nos instruye. En su mayor parte, nos hemos detenido en el lado positivo de los cantos en Apocalipsis capítulo 7, pero no podemos ignorar cómo se ve el fracaso en la misión en el Apocalipsis. Esta carta culmina con las inolvidables imágenes del juicio ante el gran trono blanco y el lago de fuego, que esperan a los que no la cumplen (Apocalipsis 20). La tolerancia no es respeto. La tolerancia es un desprecio negligente por aquellos en peligro.

La tolerancia no es respeto. La tolerancia es un desprecio negligente por aquellos en peligro.

DOMESTICAR

Así como los que envían pueden desistir de su responsabilidad, ellos también pueden domesticar la radical teología de misiones acerca de enviar que se encuentra en el Apocalipsis. La visión del fin nos invita a tratar nuestro dinero, hogar y nuestra vida con desprecio por el bien del Evangelio. Muy pocos cristianos hoy en día se dan cuenta en la vida real de esta radical teología de misiones y apocalíptica. Para la mayoría, el enviar a otros no irá más allá de la dimensión financiera, e incluso dentro del aspecto puramente monetario de la misión, pocos se acercan a la entrega abnegada descrita en el libro de Apocalipsis. Si soy cuidadoso con mi lectura de Apocalipsis, un sentido de misión que impulsa a las personas a contribuir solo cuando las cosas van bien y la abundancia lo permite no es de ninguna manera adecuado.

La misión radical da prioridad a enviar por encima de la comida, el seguro y, ciertamente, antes que los lujos. Cualquier cosa menos es domesticación u acomodación. Para que usted no piense que estoy atacando a aquellos que apoyan a mí y a otros misioneros y tratando de manipular a las personas para que den, déjeme explicarlo. Apocalipsis esencialmente busca sorprendernos para ver que en este mundo y en las cosas que parecen éxito en él son una ilusión y no tienen ningún valor duradero. Juan no quiso, y yo no quiero, que usted descuide a su familia o sus responsabilidades. Quiero que usted entienda el peligro de confundir la ilusión con la realidad, lo temporal con lo eterno, lo insignificante con lo significativo.

Los que envían también domestican la misión cuando apoyan las misiones como un sustituto de hacer misiones. Enfáticamente la misión no es el territorio privado de los misioneros extranjeros. Cada uno de nosotros tiene una esfera de influencia, y tenemos el mandato divino de proclamar a Jesús con nuestras palabras y nuestra vida dentro de esa esfera. Idealmente, ser los que envían debería aumentar nuestra preocupación por el alma de los perdidos que habitan al otro lado del mundo y, al mismo tiempo, aumentar nuestra preocupación por los perdidos que viven al otro lado de la calle. Ninguna cantidad de apoyo o pago borra nuestra responsabilidad personal de responder a la Gran Comisión.

ACEPTAR

Soñemos juntos sobre cómo sería para los que envían del mundo aceptar la teología de misiones apocalíptica. Significaría que las iglesias, conscientemente y deliberadamente, construirían instalaciones más simples, funcionales y económicas con el propósito de enviar misioneros. No asumiríamos hipotecas que consume hasta el último centavo disponible e impiden la posibilidad de promover nuestro compromiso con las misiones. Las personas y familias que adoptaron esta radical teología de misiones no comprarían casas adicionales, lanchas rápidas y vacaciones extravagantes, eligiendo en su lugar hacer una inversión más duradera. Los menos ricos podrían ayunar de tomar café de Starbucks o beber refrescos para poder hacer el mismo tipo de inversión.

Los verdaderos agentes de envío radicales tendrán una teología de misiones que establece tanto el hogar como la vida, pero ¿cómo aquellos que nunca salen de casa o mueren por el bien del evangelio renuncian a sus hogares o vidas? En la cultura occidental de hoy, las personas han hecho un estudio de aislarse y protegerse del mundo que los rodea. Más de unos pocos han elegido funcionar como animales sociales virtuales, viviendo principalmente a través de pantallas. Es cierto que esto se ha convertido en una necesidad que se nos ha impuesto en cierta medida durante los días de COVID-19. No obstante, incluso antes de la pandemia, cada vez más, nuestros hogares habían adquirido la calidad de una especie de santuario interior en el que solo unos pocos seleccionados pueden penetrar. Seleccionamos cuidadosamente a aquellos con quienes compartiremos nuestra vida, asegurándonos de que sus perfiles de Facebook sugieran al menos un mínimo de intereses compartidos.

Me gustaría sugerir que parte de ser una persona radicalmente misionera que rinde el hogar y la vida por el bien del evangelio debe implicar ser incómodamente abierto con el hogar y la vida de uno. Significa invitar otras personas a la casa para cenar a menudo, hacer amigos con personas no porque tengan algo que ofrecernos, sino porque necesitan conocer a Jesús. Significa ser transparente, accesible y contracultural. No será fácil, pero aquellos que no se rindan se encontrarán en compañía de muchos amigos un día reunidos alrededor del trono de Dios, con sus voces juntas, entonando un canto valiente de victoria.

CONCLUSIÓN

AL TERMINAR LAS páginas de este libro, espero que pueda llevarse algunas cosas. Primero, quiero que reciba aliento. Lo que sea que esté enfrentando en su vida que tiene el poder de aplastarle, lo que sea que sienta que podría suprimir cualquier aliento de celo misional en usted, sepa que no puede ganar. La promesa del canto de victoria es para usted. Permita que su mensaje replantee la forma en que usted ve el mundo y su vida. Si lo hace, sus problemas comenzarán a parecer muy pequeños, y su Dios comenzará a verse muy GRANDE. El resultado será que encontrará aliento y fortaleza para seguir haciendo lo que Dios ha propuesto y llamado para usted. De repente se encontrará viviendo conforme a un nuevo tema central, y sus acciones no serán dictadas por los miedos del presente; en cambio, tomará decisiones conscientes e intencionales basadas en la promesa del futuro.

Segundo, si realmente entendemos el mensaje de Apocalipsis, toda la forma en que vemos las misiones cambiará. Por cierto, nos volveremos radicales en la misión, hasta el punto de estar dispuestos a renunciar a nuestro dinero, nuestro hogar y nuestra vida. Este tipo de teología de misiones apocalíptica fue la fuerza que dio vida a la expansión de las misiones de principios del siglo XX, que marcó el comienzo de las Asambleas de Dios. Nuestros antepasados espirituales, como los Pages que sirvieron en Asia del Pacífico, no tuvieron reparos en abandonar todo para que las personas nunca antes alcanzadas de Fiji y del mundo pudieran conocer a Cristo. Ellos creían que el tiempo era corto antes de que el Señor abriera el cielo oriental y regresara por su esposa, la Iglesia.

Independientemente de lo que podamos decir acerca de los casi 100 años que han pasado desde que comenzaron su trabajo, sin que Cristo aún regresara, ellos tenían la idea correcta. La idea de ellos era una teología de misiones apocalíptica, y así debería ser la nuestra. El libro de Apocalipsis no es un llamado a establecer una fecha o abandonar la vida en sociedad, sino que es un llamado a vivir como misioneros impulsados por una visión del fin. Para aquellos primeros pentecostales, significaba hacer cosas como cambiar sus anillos de bodas de oro por otros hechos de una mezcla de metal y usar las ganancias para enviar misioneros. Ellos tenían poco en términos mundanos, pero estaban dispuestos a entregar la granja por el mundo venidero.

Ahora hemos cerrado el círculo. Sí, los tiempos son difíciles, y nadie puede ver a dónde el futuro del mundo y sus gobiernos puedan llevar. Naturalmente y con razón, deseamos encontrar respuestas en las páginas del Apocalipsis. Sin embargo, tenga cuidado con las respuestas que no cuestan nada, el conocimiento secreto que nada cambia. Ruego que la Iglesia que recurre al Apocalipsis perciba, en estos días, una visión del fin que la impulse en la misión. Entonces, nuestras actuales crisis sanitarias, económicas y políticas podrían cambiar el mundo.